KB181022

그레타 툰베리의 금요일

일러두기

- 옮긴이 주는 본문의 괄호 안에 배치했습니다.
- 스웨덴어 지명, 인명, 단체명, 매체명 등은 원어 발음에 따라 표기했습니다.

SCENER UR HJÄRTAT

by Malena Ernman, Svante Thunberg, Greta Thunberg and Beate Ernman
© Malena Ernman, Svante Thunberg, Greta Thunberg & Beata Ernman and Bokförlaget
Polaris 2018 in agreement with Politiken Literary Agency
SPEECHES: © Greta Thunberg 2018-2019, in agreement with Politiken Literary Agency
All rights reserved
Korean Translation © 2019 Hansol Soobook Publishing Co. All rights reserved.
The Korean language edition is published by arrangement with
Politiken Literary Agency through MOMO Agency, Seoul

지구를 살리는 어느 가족 이야기

그레타 툰베리의 금요일

그레타 툰베리, 스반테 툰베리
베아타 에른만, 말레나 에른만 지음
고영아 옮김

차례

2 고갈된 지구 위의 고갈된 사람들

3 삶이 게임이 아니라면, 우리의 모든 행동이 무언가 의미가 있다면 어떻게 할 것인가?

이 책은 내 이야기라고 할 수도 있겠다. 내 이야기였다면 자서전 비슷한 내용이 되었겠지만 나는 자서전에는 별로 관심이 없다. 훨씬 더 중요한 일들이 있다고 생각하기 때문이다.

남편 스반테와 나는 이 책을 우리 딸들과 함께 썼다. 이 책은 우리 가족이 겪은 위기에 관한 이야기며 두 딸 그레타와 베아타에 관한 이야기다. 그리고 무엇보다 누구나 마주하고 있는 위기, 우리의 생활방식이 초래한 심각한 위기에 관한 이야기다. 자연의 일부인 우리가 자연으로부터 분리된 채 과연 이대로 삶을 지속할 수 있을지가 불투명해진 현재 상황을 두고 많은 사람들은 '지속 가능성(일반적으로 특정한 과정이나 상태를 유지할 수 있는 능력을 의미함. 생태학적 용어로서는 생태계가 생태의 작용, 기능, 생물 다양성, 생산을 미래로 유지할 수 있는 능력) 위기' 혹은 '기후 위기'라고 부른다.

대부분의 사람들은 이 위기가 어딘가 멀리 떨어진 곳에 닥친 일이고 우리에게는 아직도 먼 미래의 일이라고 생각하는 것 같다. 그러나 그 생각은 틀렸다. 기후 위기는 이미 우리에게 닥친 현실이고, 자연은 여러 가지 방식으로 끊임없이 우리에게 경고를 보내고 있기 때문이다. 아침 식사를 하는 식탁에서, 학교 복도에서, 거리에서, 창밖 정원에서 그리고 당신의 머리카락을 흩뜨리는 바람결에서.

오랜 고민 끝에 그레타와 베아타의 동의를 얻어 우리가 이 책에서 언급했던 많은 일들은 좀 더 시간이 흐른 후에 밝혔더라면 좋았을 것이다. 우리 가족을 생각해서가 아니라 이 책을 읽게 될 독자를 위해서. 시간이 좀 더 지나 말하는 것이 좀 더 친절하고 덜 충격적이지 않을까 싶었지만 우리에게는 시간이 없다. 이 위기를 지금 당장 눈앞에 명확하게 제시하지 않는 한 이를 해결할 기회는 영영 오지 않을 것이다.

2018년 8월 이 책이 세상에 나오기 며칠 전, 그레타는 스웨덴 의회 건물 밖에 앉아 '기후를 위한 등교 거부' 시위를 시작했다. 그레타의 시위는 2019년 현재까지 스톡홀름 구시가지 뮌토르게트에서 계속되고 있으며 세계 곳곳 수많은 청소년의 동참을 이끌어내고 있다. 이후 그레타를 포함한 우리 가족은 많은 변화를 겪었고, 종종 그런 일들이 마치 꿈처럼 여겨지는 날들이 있다. 그 일에 관해서는 다음 책에서 이야기하기로 하겠다.

이 책은 그레타의 등교 거부가 시작된 날인 2018년 8월 20일에 이르기까지 우리 가족이 겪은 일들에 관한 이야기다.

2018년 11월. 말레나 에른만

덧붙임: 우리는 이 책을 통해 얻게 될 수익을 그린피스와 WWF 그리고 동물보호 교육과 치료를 목적으로 하는 기관 Lära med djur, 스웨덴 자연보호연합과 그 산하기관인 청소년환경단체 Fältbiologerna, 피해자 구호단체 Kung över Livet, 아동지원 및 동물보호 단체 Djurens Rätt에 기부할 예정이다. 이는 그레타와 베아타의 결정이다.

※ 말레나 에른만은 스웨덴의 유명한 오페라 가수로 왕위 계승자인
  빅토리아 공주의 결혼식 축가를 부를 정도로 인기가 있다.

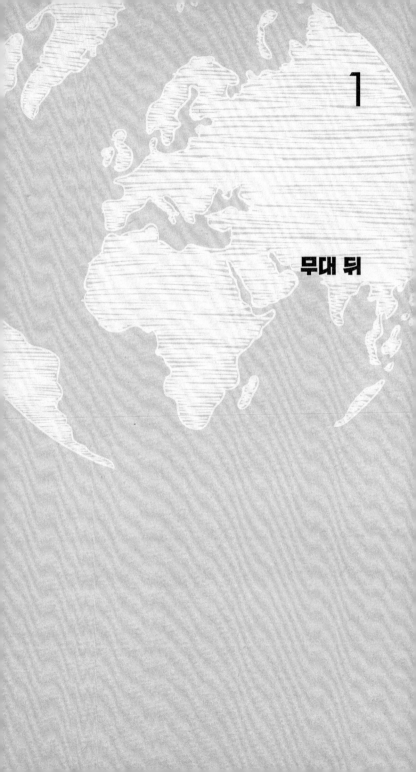

1

무대 뒤

하루가 저물어 간다.

태양은 일곱 시에 사라질 것이다.

어둠의 지배자여, 말해 다오,

이제 누가 우리에게 빛을 주는가?

누가 서양의 역광을 밝히고,

누가 동방의 꿈을 꿀 것인가?

누구라도 좋으니−제발 빛을 밝혀다오.

그것이 당신이라면 가장 좋겠다.

—

베르너 아스펜스트룀의 '비가悲歌'

(스웨덴의 시인이자 수필가)

나의 마지막 오페라 공연

    무대에 나갈 시각이다. 오케스트라 연주자들이 마지막으로 악기를 조율하고 객석의 조명이 꺼진다. 나는 지휘자 장-크리스토프 스피노지(프랑스의 지휘자이자 바이올리니스트로 프랑스 오케스트라 앙상블 마테우스의 창립자) 옆에 서 있다. 우리는 즉시 무대로 걸어 나가 각자의 위치에 자리 잡아야 한다.

    모두들 기분이 최고로 좋아 보인다. 오늘 밤 공연을 끝으로 내일이면 사랑하는 사람이 있는 집으로 향하기 때문이다. 프랑스와 이탈리아, 스페인에 있는 집으로. 오슬로와 코펜하겐에 있는 집으로. 일부는 다음 공연을 위해 베를린과 런던 그리고 뉴욕으로 간다.

    지금까지의 공연은 마치 최면에 걸린 듯이 진행되었다. 직업상 무대에 서 본 사람이라면 내 말뜻을 알 것이다. 나와 관객 사이에 강렬한 에너지가 파도처럼 밀어닥쳐 나를 밤마다, 공연에서 공연으로 휩쓸고 간다. 마치 마법처럼. 바로 연극의 마법, 오페라의 마법이다.

오늘은 스톡홀름 쉐르고드에 있는 아티펠락(미술 작품 전시를 비롯해 다양한 예술 활동, 공연, 이벤트 그리고 훌륭한 식사를 제공하는 유명한 장소) 강당에서 헨델의 〈크세르크세스〉가 마지막으로 공연되는 날이다. 2014년 11월 2일인 오늘은 내가 스웨덴에서 마지막으로 오페라 무대에 서는 날이기도 하다. 하지만 이 사실은 아무도 모른다. 이 공연이 끝나면 나는 앞으로 그 어떤 무대에도 서지 않을 것이다. 오늘 밤 나를 둘러싼 공기는 흥분으로 가득 차 있고, 무대 뒤 시멘트 바닥 위로 둥실둥실 떠다니듯 움직인다. 마지막 공연을 녹화하기 위해 카메라 여덟 대와 제작팀 전체가 동원되었다. 900여 명의 관객이 객석에서 숨죽인 채로 막이 오르기를 기다리고 있다. 스웨덴 국왕과 왕비도 참석한 자리였다.

나는 신경이 곤두선 채로 왔다 갔다 하면서 호흡을 가다듬으려 애를 썼지만 소용이 없었다. 몸이 자꾸 왼쪽으로 기울어 똑바로 서 있기도 힘들었다. 식은땀이 나고 양손의 감각이 둔해진다. 지난 7주간은 그야말로 기나긴 악몽이었다. 나는 어디서도 쉴 수가 없었다. 아주 조금이나마 고요함과 평화로움을 누리고 싶지만 그런 장소는 어디에도 없다. 속이 뒤집힐 것 같다. 아니, 사실 그보다 훨씬 더 안 좋은 상태다. 오랫동안 공황 발작에 시달린 것처럼 끔찍한 기분이다. 마치 유리벽을 향해 뛰어올랐다가 아래로 떨어지는 도중 얼어붙은 것 같은 느낌이다. 나는 바닥에 쾅 하고 내동댕이쳐지기를, 그래서 고통이 찾아오기를 기다렸다. 하지만 아무 일도 일어나지 않는다. 오직 나 자신만 보인다. 어디 한 곳 금간 데 없이 말짱한 유리벽 앞에서 허공에 떠 있는 나.

내가 말했다.

"몸이 좋지 않아요."

"잠깐 앉아 계세요. 물 한잔 드시겠어요?"

지휘자와 프랑스어로 대화하던 중 갑자기 나는 휘청거리며 쓰러졌다. 쟝-크리스토프가 나를 부축하더니 이렇게 말했다.

"걱정 마세요. 공연은 열릴 겁니다. 관객들이 기다려야죠. 제 탓이라고 하겠습니다. 우리 프랑스인들은 으레 지각하는 걸로 유명하지 않습니까."

누군가의 웃음소리가 들렸다.

나는 속으로 생각했다. 공연이 끝나면 곧바로 집에 가야 한다. 내일은 작은딸 베아타의 생일이라 준비할 게 산더미였다. 그런데 여기 이렇게 꼼짝하지 못하고 지휘자의 품에 쓰러져 있다니!

하필이면 지금!

누군가 내 이마를 조심스럽게 쓸어 준다.

갑자기 눈앞이 깜깜해진다.

고향

나는 산드비켄에 있는 단독주택에서 살았다. 어머니는 부목사였고, 아버지는 산드비크에서 경제와 회계 고문으로 일하셨다. 동생이 둘 있었는데, 여동생 벤델라는 나보다 세 살이 어렸다. 나보다 열한 살 아래인 남동생은 이름이 칼-요한이었는데, 오페라 가수 칼 요한 로아 팔크만의 팬이었던 어머니가 지어 준 이름이었다. 내가 오페라 가수라는 직업을 갖는 과정에서 부모님이 조금이라도 영향을 미친 부분은 남동생 이름이 유일하다. 노래 부르기를 좋아한 우리 가족은 스웨덴 민요부터 아바, 존 덴버의 노래까지 가리지 않고 즐겨 불렀다.

우리 집은 스웨덴 소도시의 평범한 가정이었다. 다른 집과 다른 단 하나의 차이점을 굳이 꼽는다면 부모님이 어려운 사람들을 기꺼이 돕는 분들이라는 점이랄까. 우리 집에서 가장 중요한 가치는 인류애였다. 우리가 첫 번째로 지켜야 할 계율이었다. 어려운 형편의 사람들을 돕는 것은 우리에게 당연한 일이었으며, 우리 집안의 전통이었다. 어머니는 외할아버지로부터 이

전통을 물려받아 지켜 나갔다. 외할아버지는 스웨덴 교회 요직에 있던 분으로 세계 교회운동과 근대화 추진운동에 앞장선 인물이다. 내가 청소년기를 거치는 동안 부모님은 밀입국자나 난민들에게 지속적으로 거처를 제공했고, 때로는 그런 상황이 좀 불편하기도 했지만 우리 가족은 그럭저럭 잘 지냈다.

방학이 되면 어머니 친구분이 수녀님으로 계시는 영국 북부의 수녀원에서 여름을 보내곤 했다. 종종 무대에서 내가 거친 말을 내뱉는 것은 그 시절 반항심에서 욕설을 내뱉던 버릇이 조금 남아서인 것 같다. 어쨌든 여름방학마다 수녀원에 있는 학교 기숙사 침대에서 잠을 청하고, 우리 집 차고에 난민들이 살았다는 점만 빼고 여느 집과 다를 게 없었다.

우리 가족은 평소 노래를 많이 불렀다. 특히 노래 부르기를 아주 좋아한 나는 매일매일 쉬지 않고 노래를 불렀다. 장르를 가리지 않고 모든 노래를 불렀는데 어려운 곡을 부를수록 기쁨은 한결 커졌다. 몇 년 후에 내가 오페라 가수가 된 것도 도전을 즐기는 성격 덕분인 것 같다. 오페라야말로 가장 부르기 힘든 노래였고, 그런 만큼 오페라를 부를 때의 기쁨이 가장 컸으니까.

꿈처럼 근사한 삶

나는 여섯 살 때부터 무대에 올라 대중 앞에서 노래를 불렀다. 교회 성가대부터 소규모 중창단, 재즈밴드 그리고 뮤지컬과 오페라 공연까지. 음악에 대한 내 사랑은 끝이 없다. 특정한 장르에 속하거나 어떤 틀에 갇히는 곡은 싫었다. 그래서 내가 부르는 곡들은 항상 장르의 경계를 오간다. 좋은 곡이라면 장르를 가리지 않고 노래했기 때문이다.

예술계에서는 예술가로서의 위치가 확고해질수록 자신만의 독창적인 예술 세계를 만들 수 있다고들 한다. 그렇다면 나만의 예술 세계가 특별히 없는 점이 내 예술의 특징일지도 모르겠다. 지난 15년간 나는 분명히 한 방향으로 걸어왔다고 자부한다. 나는 내 노래가 예술적이면서도 대중에게 사랑받기를 바랐다. 이런 이유로 어려운 곡은 조금 쉽게, 수준이 지나치게 높은 곡은 조금 수준을 낮춰 불렀다. 소수의 사람들만 좋아하는 곡을 더 많은 사람이 좋아할 수 있게 하고 싶었기 때문이다. 물론 그 반대의 경우를 바라기도 했다.

항상 주류 음악계를 거스르며 나만의 길을 걸어왔기에 남편 스반테가 곁에 있을 때만 빼고 나는 언제나 혼자였다. 처음에는 다소 직관적으로 시작했지만 나만의 길을 걷는 발걸음은 시간이 지날수록 확고해졌다. 그리고 일단 시작한 일을 발전시킬 기회가 있다면 당연히 놓치지 말아야 한다고 확신했다. 그런 기회를 얻는 사람이 별로 많지 않은데 다행히도 스반테와 나는 그런 사람들에 속했다. 그래서 더욱 우리만의 길을 가기 위해 노력했다.

오페라 아카데미와 음악 전문대학, 연극 전문대학을 나온 예술가로서 우리가 이제까지 거쳐 온 직업은 공연 기간 동안 특정 단체에 고용되어 일하는 임시직이 절반이었다. 다른 예술가들처럼 우리의 첫 번째 임무 역시 공연에서 최선을 다하는 것이었고, 그렇게 함으로써 미래를 보장받고 항상 염두에 두었던 목표를 이루려고 했다. 보다 넓은 관객층을 새롭게 확보한다는 목표였다. 연극배우인 스반테와 나는 활동 분야가 전혀 달랐지만 우리가 도달하고자 하는 목표는 항상 같았다. 우리는 서로 달랐고 또한 같았다.

첫아이 그레타를 가졌을 때 나는 유럽의 오페라극장 여러 곳과 계약을 맺은 상태였다. 스반테는 극단 세 군데에서 배역을 맡아 작품에 출연하고 있었다. 우리는 천 킬로미터 이상 떨어져 있었지만, 첫아이를 출산하면 새로운 삶을 어떻게 꾸려 나갈지 전화로 의논하곤 했다.

"당신은 오페라 쪽에서는 세계적으로 손꼽히는 사람이야."

스반테가 말했다.

"열 개도 넘는 신문에서 그런 기사를 읽었어. 나는 그저 평범한 연극배우일 뿐이고. 수입도 당신이 나보다 훨씬 더 많잖아."

당분간 일을 그만두겠다는 스반테를 말렸지만 사실 속으로는 안도했다. 결정을 내리자 마지막 공연을 마친 스반테는 내가 있는 베를린으로 날아왔다.

다음 날 스반테의 휴대폰이 울렸다. 스반테는 휴대폰을 들고 발코니로 나가더니 누군가와 한참 동안 통화했다. 5월 말인데도 베를린의 날씨는 벌써부터 후텁지근했다. 우리가 함께 산 지채 반년도 되지 않았을 때였다.

"기가 막힌 타이밍이네."

통화를 끝낸 스반테가 피식 웃으며 말했다.

"누군데?"

"에릭 하그랑 또 한 사람. 이름은 모르겠고. 아무튼 그 둘이서 지난주에 오리온 극단에서 내 연기를 봤다는데."

스반테가 출연한 연극은 소설가 어빈 웰시가 쓴 작품이었는데, 등장인물 전부 마약 복용자에, 투명 비닐에 밀폐된 시체들이 난무했다. 상대역인 헬레나는 한 주 동안 몇 번이나 진행되는 저녁 공연에서 스반테를 향해 "사랑해!" 하고 소리쳤고, 나는 공연 내내 심한 질투심을 느껴야 했다.

스반테가 말을 이었다.

"두 사람이 라디오에서 방송할 코미디를 구상 중인데 나더러 함께 하자네. 내 연기가 마음에 들었다나. 일단 시험 삼아 해 보자고. 사실 이런 기회는 좀처럼 오지 않지……."

"뭐라고 대답했어? 그런 제안을 설마 거절한 건 아니지?"

나도 모르게 큰 소리로 말하면서 스반테를 쳐다보았다.

"아내가 임신해서 함께 있는데 아내의 직업상 외국에서 생활해야 한다고 했지."

스반테는 내 시선을 피하지 않고 대답했다.

"거절했단 말이야?"

"응. 이게 옳은 결정이야. 우리는 함께 지내면서 현재 상황에 대처해야 해. 안 그러면 문제가 생길 거야."

그렇게 해서 스반테는 스웨덴에서의 배우 생활을 접고 내 곁에 머물렀다.

그로부터 몇 주가 흐른 뒤 우리는 베를린 국립 오페라극장의 〈돈 조반니〉 초연 축하 파티에 참석했다. 스반테는 그 자리에서 만난 마에스트로 바렌보임과 세실리아 바르톨리에게 자기가 이제부터 집안일을 하는 주부라고 밝혔다.

"지금은 제가 집안일을 전담하고 있습니다."

우리는 그렇게 12년을 살았다. 여러 가지 신경 쓸 게 많아 피곤하기도 했지만 믿기지 않을 만큼 근사한 삶이었다. 우리는 한

도시에서 두 달쯤 머물고 다음 공연이 있는 도시로 이동하는 생활을 계속했다. 우리 가족의 삶은 베를린과 파리, 빈, 암스테르담, 바르셀로나와 그 밖의 많은 도시들로 이어졌다. 여름에는 잉글랜드의 글라인드본이나 오스트리아 잘츠부르크, 아니면 프랑스 엑상프로방스에서 머물렀다. 주로 오페라 곡이나 클래식 곡을 부르는 가수들이 머무는 곳이었다.

나는 한 주에 스무 시간 내지 서른 시간 정도 연습하고 나머지 시간은 가족과 함께 보냈다. 아무것에도 얽매이지 않은 자유로운 시간이었다. 만나는 사람이라곤 스반테의 어머니가 유일했다. 친구도 없고 저녁 식사나 파티 초대도 없는 생활, 오로지 우리 가족만으로 가득 찬 생활이었다.

그레타가 태어나고 3년 후에 둘째딸 베아타가 태어났을 때 우리는 볼보 V70을 구입했다. 두 딸이 좋아하는 인형 집과 곰 인형, 세발자전거를 충분히 실을 수 있는 커다란 차가 필요했기 때문이다. 우리의 삶은 그렇게 지속되었다. 정말 멋진 삶이었다. 겨울이면 고풍스러운 주택의 거실에 앉아 환한 불빛 아래에서 아이들과 함께 놀았고, 봄에는 꽃들이 만발한 공원으로 산책을 나갔다. 하루하루 무엇과도 비교할 수 없을 만큼 충만하고 행복한 나날이었다. 그야말로 꿈처럼 근사한 일상이었다.

익숙한 삶과의 결별

"유로비전 송 콘테스트(유럽 최대의 음악 경연 대회) 스웨덴 지역 예선에 나가는 건 아이 낳는 것과 좀 비슷합니다. 다른 사람에게 설명할 수도 있고 자세하게 묘사할 수도 있지만 진짜 어떤 기분인지는 직접 경험해 본 사람만 알지요."

음반제작자 안델스 한손이 말했다. 나는 다음번 앨범 작업을 앞두고 있었다. 그 사람이 웃음 섞인 목소리로 나와 스반테에게 유로비전 송 콘테스트에 대해 설명했을 때 우리는 스톡홀름행 기차를 타기 위해 말뫼(스웨덴에서 세 번째로 큰 도시)에 있는 커다란 광장을 가로질러 가는 중이었다.

말뫼에서 선보인 내 공연이 대히트를 친 다음 날 아침이었다. 나와 페트라 메데 그리고 사라 피너의 사진이 스웨덴 일간지 〈아프톤블라뎃〉의 일면을 차지하고 있었다. 사진 아래에는 '말뫼 야외극장 밤 9시 23분'이라는 제목이 붙어 있었다. 나는 충격으로 멍한 상태였다. 유로비전 송 콘테스트 지역 예선에 나가게 된 이상 우승을 해야 한다. 그것도 아주 특별한 방식으로 말이다. 심사위원단과 시청자는 예선에 뽑힌 참가자들 가운데 결선 진출자를 투표로 결정한다. 그리고 결선 역시 심사위원단과 시청자의 투표로 우승자를 선발한다. 많은 다른 가수들을 물리치고 결국 아주 근소한 차이로 승리한 참가자가 스웨덴 대표로 콘테스트에 출전하게 된다. 가장 좋은 것은 오로지 시청자의 지지를 받아 우승하는 일이다. 바로 나처럼.

사실 그다지 어려운 일도 아니다. 나는 열심히 노래만 부르면 됐다. 더 좋은 여건을 떠올리기 힘들 만큼 좋은 상황이었다. 그리고 유로비전 송 콘테스트 지역 예선에서 우승한 덕분에 우리에게는 유례없는 기회가 주어졌다. 앞으로 다시는 찾아오기 힘든 기회였다. 대중의 열렬한 환호를 받게 된 것이다. 문화부 장관은 내 이름을 따서 '말레나 효과'라는 용어를 썼고 여러 신문에도 기사가 실렸다. 〈엑스프레센〉은 '살롱에서 나와 다시 국민 속으로 파고든 오페라'라는 제목의 기사를 실었다. 〈다겐스 니헤테르〉의 문화부 부장은 "사실이라고 믿기 힘들 정도로 너무나 기쁜 일이다. 그런데 사실이다."라고 표현했다. 그리고 잠깐 동안은 나 또한 실제로 더 많은 관객을 향해 오페라의 문이 활짝 열릴 거라고 믿었다.

하지만 가을이 되자 벌써 모든 게 예전과 같은 상태로 돌아갔다. 스웨덴의 그 어떤 오페라극장도 오페라에 대한 사람들의 높아진 관심을 이용할 생각이 없었다. 오페라를 원하는 관객들은 있었지만 어디에서도 그들을 원하지 않았다.

그 이후 우리는 모든 것을 우리 힘으로 해 나갔다. 오페라에서 비중이 큰 역할은 주로 해외 공연에서 맡고 국내에서는 독자적으로 콘서트와 투어, 공연을 이어나갔다. 우리는 항상 새로운 관객층, 더 넓은 관객층을 찾아 나서기를 주저하지 않았다.

내가 스웨덴 대표로 참가했던 2009년 유로비전 송 콘테스트 이후 5년이 지난 어느 날 저녁이었다. 스반테와 나는 스톡홀름의 우리 집 욕실 바닥에 쭈그리고 앉아 있었다. 〈크세르크세스〉 마지막 공연을 2주 남겨 놓은 때였다. 늦은 시각이었고 아이들은 자고 있는데, 우리 주변의 모든 것이 무너지고 있는 듯했다.

그레타가 막 5학년(스웨덴에서는 만 6세가 되면 1년간 취학 전 의무교육을 받게 되며 이후 9년간의 초중등교육 통합과정을 배우게 된다. 그레타는 2003년생이므로 2014년 가을에 5학년이 되었음.)이 되고 심각한 문제가 발생했다. 그레타는 밤에 침대에 누워서도 울고 등굣길에도 울었다. 수업 시간과 쉬는 시간에도 울음을 그치지 않았다. 거의 매일 집으로 담임 선생님의 전화가 걸려왔다. 전화를 받으면 스반테가 학교에 가서 그레타를 데려와야만 했다. 그레타는 우리 반려견 모세스가 곁에 있을 때만 울음을 그쳤다. 그레타는 몇 시간이고 앉아서 하염없이 모세스를 쓰다듬었다. 온갖 것을 다 해 보았지만 아무 소용도 없었다. 마치 우리 딸이 어떤 어둠 속으로 사라진 것 같았다. 우리 딸은 정상적으로 기능하기를 멈춰 버렸다. 더는 피아노를 치지 않았고 웃지도 않았다. 말하는 것도 그만뒀다. 심지어 먹는 것조차 거부했다.

우리는 차가운 욕실 바닥에 앉아서 대화를 나눴다. 해야 할 일이 무엇인지 우리는 정확히 알고 있었다. 우리는 뭐든 해낼 각오가 되어 있었다. 모든 것을 바꿀 생각이었다. 어떤 대가를 치르더라도 그레타를 되찾아 오기로 굳게 결심했다. 하지만 그 것만으로는 부족했다. 말이나 감정에서 나오는 행동 이상이 필요했다. 우리 또한 이제까지의 삶에 이별을 고하고 완전히 새로운 삶으로 나아가야만 했다.

"당신은 어떻게 생각해? 공연은 계속할 생각이야?"

스반테가 물었다.

"아니."

"알았어. 이제부터는 여태 해 오던 일들을 전부 그만두는 게 좋겠어."

스반테는 딱 잘라 말하더니 이어서 이렇게 말한다.

"관객이 늘어난다고 해도 오페라극장의 공연이 많아지긴 힘들어. 늘어난 관객을 유치하려는 극장이 없으면 아무런 소용이 없어. 스폰서도 없고, 후원금 한 푼 못 받은 데다 버스정류장에서 한참이나 떨어진 베름되 섬 공연장에 2만 명이 찾아오게 했는데도 소용이 없으면 아무것도 안 되는 거야."

스반테의 과격한 기질이 가끔 안 좋을 때도 있지만, 그 순간 그가 내린 결론에는 반대할 이유가 별로 없었다.

"당신 말이 맞아. 우리는 이제까지 최선을 다했어."

내가 대꾸했다.

"솔직하게 말해서, 이대로 가다가는 더 이상 못 버틸 것 같아."

"그럼 전부 취소하자. 공연 계약 전부 다."

스반테가 말을 계속했다.

"마드리드와 취리히, 빈, 브뤼셀 공연 전부. 뭔가 취소할 핑곗거리가 생각날 거야. 대신에 앞으로는 다른 걸 해 보자. 콘서트나 뮤지컬, 연극이나 TV 방송은 어떨까? 아리아를 부르거나 작곡하는 것도 괜찮고. 하지만 오페라 공연은 이제 안 돼."

"2주 후에 마지막 공연을 하고 나면 끝이야. 영원히."

나는 확실하게 결정을 내렸다.

"뭔가 말하는 게 나을까? 멍청한 짓이겠지?"

스반테가 물었다.

"맞아. 멍청한 짓이야."

나는 대답했다.

그래서 우리는 아무 말도 하지 않았다.

크세르크세스-나의 마지막
오페라 공연에 이어서

　나중에서야 내가 10분 동안이나 기절해 있었다는 걸 알았다. 관객들에게는 공연 시작이 몇 분간 지연된다고 양해를 구한 상황이었다. 무대 뒤에서는 어떻게 할지 의견이 분분했지만 나와는 전혀 상관없는 일이었다. 내가 할 일을 분명하게 알고 있었기 때문이다.

　이제 확실하게 끝맺음을 할 때였다. 나는 물을 한 모금 마신 후 지휘자를 향해 고개를 끄덕였다.

　"일어설 수 있어요?"

　지휘자가 조심스럽게 물었다.

　"아니오."

　하지만 나는 일어섰다.

　"걸을 수 있겠어요?"

　"아니오."

　나는 무대로 나가는 문 쪽을 향해 걸어갔다. 주위 사람들이 걱정스러운 시선을 주고받았다.

"노래할 수 있겠어요?"

"아니오."

나는 대답을 하고 극장 관리자에게 고개를 끄덕인 다음 무대로 나갔다.

공연을 관람한 사람들 말에 따르면 공연이 끝난 뒤 터진 박수 소리는 굉장했다고 한다. 관객들이 자리에서 일어나 열광적으로 환호를 보내고, 무대 뒤에서는 모든 사람이 행복감에 취해 제정신이 아니었다. 영화 속에서나 일어날 법한 일이었다. 스웨덴 국왕과 왕비도 열렬한 박수갈채를 보냈다. 대화를 나누는 사람들 모두 환하게 웃고 있었다. 내 눈에는 그 모든 동작이 슬로모션으로 보였다.

페르닐라가 다가와서 내가 무대의상과 가발 벗는 것을 도와주었다.

"스반테에게는 아무 말도 마세요. 괜히 걱정할 거예요."

페르닐라는 말없이 고개를 끄덕였다.

바깥쪽에 있는 휴게실에서 떠드는 소리가 탈의실까지 들려왔다. 스웨덴어, 프랑스어, 독일어, 스페인어가 한데 뒤엉켜 들렸는데 하나같이 기쁨에 넘치는 목소리였다.

누군가 나를 택시 승강장까지 데려다주는 동안 샴페인 잔을 높이 치켜들고 건배하는 사람들이 보였다. 잔을 세 번 치켜들고 짠! 짠! 만세! 나는 택시 뒷좌석에 거의 드러누운 채 시내로 들어가는 내내 눈물을 흘렸다. 슬퍼서 운 게 아니었다. 안도감 때문에 운 것도 아니었다. 내가 처한 상황 때문도 아니었다. 내 마지막 공연이었는데 단 한순간도 기억나지 않았기 때문이다. 마치 내가 그 자리에 없었던 것처럼.

더 이상 못 먹겠어요

아침 식사: 바나나 1/3개: 53분

우리 집 벽에는 A3 크기의 흰 종이가 붙어 있다. 우리는 거기에 그레타가 무얼 먹는지, 먹는 데 걸리는 시간이 얼마인지 기록한다. 그레타는 아주 조금 그리고 아주 천천히 먹는다. 섭식 장애 환자를 위한 스톡홀름 센터에서 우리는 식사량과 식사 시간을 꾸준히 기록하는 것이 장기적으로 볼 때 종종 효과를 본다는 말을 들었다. 그래서 매끼 그레타의 식사를 기록하면서 지금 먹을 수 있는 것과 나중에 먹을지도 모르는 것, 앞으로 먹게 되기를 바라는 것 등의 목록을 작성한다. 그레타의 목록은 정말 짧다.

쌀, 아보카도, 뇨키(이탈리아 파스타의 일종).

2016년 11월 8일 화요일. 우리는 쿵스홀름에 있는 해변과 절벽 사이의 어디쯤에 와 있었다. 5분 후면 학교 수업이 시작되지만 그레타는 오늘 학교에 가지 않았다. 이번 주 내내 학교에 가지 않을 것이다.

어제 그레타가 다니는 학교에서 이메일을 받았다. 의사와 심리학자들이 학교 측에 여러 번 그레타의 상황을 설명했는데도, 그레타가 수업에 거의 참여하지 않아 '염려'된다는 내용이었다. 나는 그레타의 현재 상태를 다시 한 번 설명하는 메일을 보냈다. 학교에서는 그레타가 월요일에 정상적으로 등교해서 이 문제를 해결하기를 바란다는 내용으로 답장을 보냈다.

그레타는 월요일에도 학교에 가지 않을 것이다. 그레타는 두 달 전부터 음식을 거부하기 시작했고, 극적인 변화가 일어나지 않는 한 다음 주부터 싹스캬 아동병원에 입원해야 한다.

우리는 TV 앞 소파에 앉아 점심을 먹으면서 DVD로 〈원스 어폰 어 타임〉을 시청한다. 이 미국 판타지 드라마는 여러 개의 시즌으로 이루어져 있고 각각의 시즌은 많은 에피소드로 나뉘어 있어 우리 가족이 함께 보기에 적당했다. 식사를 마치기까지 엄청나게 긴 시간이 필요하기 때문이다.

스반테가 뇨키를 준비한다. 으깬 감자와 치즈 가루, 밀가루를 넣은 반죽으로 경단을 빚었다. 럭비공 모양을 한 사탕만 한 크기 경단이다. 정말 중요한 작업은 반죽의 찰기가 정확히 우리가 원하는 만큼 생기게끔 하는 일이다. 그래야만 그레타가 먹기 때문이다.

우리는 완성된 뇨키 경단을 하나하나 세어서 그레타의 접시에 담았다. 몇 개를 담을지 위험한 곡예를 할 때처럼 마음을 졸인다. 우리 딸은 너무 많이 담아도 먹는 것을 거부한다. 그렇다고 너무 적게 담으면 한 끼 식사량으로 부족하다. 물론 그레타는 항상 너무 부족한 양을 먹었다. 그래서 더욱 한 입이라도 더 먹여야 한다. 단 한 입도 소홀히 할 수가 없다.

그레타가 뇨키를 뒤적인다. 포크로 이리저리 옮기고 눌러 보기도 한다. 그리고 잠시 후 다시 처음부터 똑같이 되풀이한다. 그렇게 20분이 지나서야 비로소 먹기 시작했다. 뇨키 한 개를 입에 넣고 우물거리다가 아주 조금씩 씹는다. 뇨키 한 개를 먹는 데 아주 오래 걸린다. 39분이나 지났다. 이제 두 번째 뇨키 차례다. 우리는 그레타가 뇨키를 다 먹을 때까지 중간 과정을 포함해서 모든 걸 기록했다. 뇨키 한 개를 먹을 때 몇 번이나 씹는지도 빠뜨리지 않는다. 말이 없다. 아무도 한 마디도 하지 않는다.

"이제 배불러요."

그레타가 갑자기 선언한다.

"더 이상 못 먹겠어요."

스반테와 나는 서로 외면한다. 우리가 느끼는 절망감을 결코 드러내서는 안 된다. 우리는 이 방법만이 그레타에게 효과가 있다는 걸 깨달았다. 지금껏 우리는 그레타를 어떻게든 먹게 하려고 온갖 방법을 다 썼다. 안 써본 방법이 없었다.

그레타가 음식을 거부할 때마다 야단을 치고 소리도 질러 봤다. 웃어넘기거나 윽박질러 보기도 했다. 제발 조금만 먹으라고 사정해 보고 애원도 해 보았으며 심지어는 눈물을 흘리기도 했다. 그레타가 좋아할 만한 것을 찾아내 그걸 미끼로 살살 구슬리기도 했다. 하지만 아무 방법도 통하지 않았다. 그나마 무심한 척하는 것이 가장 나은 방법 같았다. 스반테가 벽의 A3 용지로 다가가 기록한다.

점심 식사: 뇨키 5개: 2시간 10분

부서진 계피과자

2014년 9월, 세 번째 주말이었다. 나는 오후 공연이 있어 아티펠락 극장에 가야 했다. 그래서 오전에 과자를 굽기로 했다. 우리 가족이 다 함께 계피과자를 구울 생각이었다. 우리는 무슨 일이 있어도 계피과자를 멋지게 완성하기로 결심했다. 반드시 성공해야만 했다. 여느 때와 다름없이 계피과자가 멋지게 완성되면 그레타도 여느 때와 다름없이 먹어 줄지도 몰랐다. 그럼 만사 오케이였다. 하나도 어려울 게 없는 일이었다. 우리 가족은 계피과자 굽는 것을 항상 좋아했다. 계피과자가 구워지는 동안 우리는 주방을 누비며 춤을 추었다. 일찍이 없었던 최고로 즐거운 과자 굽기 파티였다.

계피과자가 완성되자 파티는 갑작스럽게 끝났다. 그레타가 계피과자를 하나 집어 들더니 냄새를 맡고 입을 벌리려고 애썼지만 실패했다. 우리는 그레타가 계피과자를 먹지 못하리란 걸 알아차렸다.

"제발 좀 먹으렴!"

스반테와 내가 동시에 말했다. 처음에는 차분하게, 다음에는 좀 더 강한 어조로. 우리 마음속에 있는 좌절감과 무력감을 전부 실어서 말했다. 하지만 결국에는 우리가 느끼는 절망감과 두려움을 담아 큰 소리를 지르고 말았다.

"제발 먹어!!!!! 먹어야 한다고! 알아듣겠니? 너 이렇게 계속 거부하면 죽어!!"

바로 그 순간 그레타가 처음으로 발작을 일으켰다. 그레타는 우리가 이전에 한 번도, 단 한 번도 들어본 적이 없는 괴이한 소리를 질렀다. 이 소름끼치는 비명은 40여 분간 계속되었다. 그레타가 아기였을 때 이후로 비명을 지른 적은 한 번도 없었는데.

나는 주방 바닥에 주저앉은 채 그레타를 품에 안았다. 모세스가 다가와 몸을 둥글게 말고 앉더니 축축한 코를 그레타의 머리에 갖다 댔다. 계피과자는 주방 바닥에 어지럽게 흩어져 있었다. 한 시간쯤 지나 그레타가 안정을 되찾았을 때 우리는 계피과자를 먹지 않아도 된다고, 아무것도 걱정하지 말라고 말해 주었다.

"다 괜찮아질 거야. 다 좋아질 거야."

나는 그레타를 달랬다.

오후 공연을 위해 아티펠락까지 가는 동안 우리 가족은 함께하기로 했다. 차 안에서 그레타가 기운 없는 목소리로 물었다.

"엄마, 제가 다시 건강해질까요?"

"당연히 건강해질 거야."

나는 힘주어 대답했다.

"언제 그렇게 될까요?"

"정확히는 모르겠지만 오래 걸리지는 않을 거야."

우리는 위풍당당한 건물 앞에 멈추어 섰다.

나는 무대 뒤로 들어가 연습에 합류했다.

그레타의 병과
처음 마주했던 순간

나는 아무리 컨디션이 별로여도 일단 무대에 서면 기분이 좋아졌다. 내게 있어 무대는 안전한 피난처였다. 하지만 지금은 내가 감당할 수 있는 한계를 넘어섰고 〈크세르크세스〉 공연은 매번 지옥 같았다. 나는 그 공연에 서고 싶지 않았다. 아이들과 함께 집에 있고 싶었다. 이 끔찍한 아티펠락 극장만 아니라면 어디라도 상관없었다. 무엇보다도 "저는 언제 다시 건강해져요?" 하고 묻는 그레타의 질문에 대답해 주고 싶었다.

하지만 나는 그레타의 질문에 대답할 수 없었다. 대답할 수 있는 사람은 아무도 없었다. 그 질문에 답하려면 우선 그레타가 앓고 있는 병이 무엇인지 알아내야만 했다.

모든 건 2014년 가을, 그레타가 5학년이 되고 나서 한 달쯤 지났을 때 시작되었다. 몇 주 전부터 그레타의 상태가 좀 이상해서 병원에 진료 접수를 했었다. 그레타가 검사를 받고 며칠이 지나서 담당의사가 전화를 걸어왔다.

의사는 검사 결과가 좋지 않으니 아스트리드 린드그렌 아동 병원에 가서 정밀검사를 추가로 받으라고 권했다.

"검사 예약을 잡아야 할까요?"

스반테가 물었다.

"아니요. 즉시 가 보셔야 합니다."

의사는 대답했다.

　15분 후 우리는 그레타를 조퇴시켜 아동병원 응급실로 향했다. 여러 가지 검사를 마치고 결과를 기다렸다. 그사이 아이들 할머니에게 방과 후에 베아타를 집으로 데려와 달라고 부탁하고, 검사 결과가 나오기를 초조하게 기다렸다. 마음을 짓누르는 압박감과 걱정이 점점 커졌다. 몇 시간이 지나자 의사가 나타났다. 의사는 몇 가지 수치상으로 볼 때 뭔가 이상이 있는 것은 분명하나 정확히 어디가 문제인지는 모르겠다고 했다. 스반테는 바닥에 털썩 주저앉았다. 몇 시간 사이에 상황은 더 나빠졌다.

　살짝 열린 진료실 문이 지옥으로 통하는 관문처럼 보였다. 우리보다 앞서 온 많은 사람들이 그랬던 것처럼 우리는 초조한 발걸음으로 진료실 안을 서성였다. 우리 이후에도 많은 사람들이 그럴 테지만.

　병원 오는 길에 산 바게트는 출입문 옆 보조의자 위에 넝그러니 놓여 있고, 나는 그레타를 품에 안고 재미있는 이야기를 해주려고 애쓰고 있었다.

　이후 몇 년간 우리는 그레타의 병과 처음으로 마주했던 그 순간을 종종 떠올렸다. 세세한 것은 하나도 기억나지 않았지만, 스반테가 무릎을 꿇으며 마룻바닥에 주저앉던 순간은 기억한다. 내 머릿속에는 우리와 함께 대기실에 있던 다른 가족들을 둘러쌌던 한없이 무거웠던 어둠이 남아 있다. 나는 사실 드문드문 기억하고 싶은 순간만 기억할 뿐, 그 밖의 것까지 기억할 만한 힘이 없었다. 가끔은 단지 10분의 1초 동안의 기억을 되살리기만 해도 종종 삶의 모든 것을 올바르게 통찰할 수 있는 법이다.

다른 의사가 진료실로 들어왔다. 의사는 보조의자 위에 놓인 바게트를 치우고 앉더니 검사 결과를 하나하나 보여 주며 설명을 했다. 모든 수치를 검토한 결과 걱정할 필요가 없다면서 우리를 안심시켰다. 이상 징후가 전혀 없으니 마음 놔도 된다고, 신에게 감사드리고 귀가해도 좋다고 말했다.

병원에 다녀온 일로 심신이 녹초가 된 나에게 그날 저녁 무대에 서는 일은 별로 즐겁지 않은 경험이었다. 하지만 집에 가지 못하고 지옥문 같은 진료실 문 앞 대기 의자에 앉아 있던 다른 가족을 생각하면 호강에 겨운 소리였다.

그로부터 며칠이 지난 후 아스트리드 린드그렌 아동병원에서 전화가 왔다. 전화를 건 의사는 자기네 병원 검사에서는 그레타가 음식을 거부하는 이유를 찾아내지 못했으니 아동·청소년 신경정신과 병원인 BUP에서 진료를 받아 보라며 이렇게 덧붙였다.

"사춘기에 접어든 여자아이들에게서 볼 수 있는 현상입니다. 거식증의 원인은 보통 의학적인 게 아니라 심리학적인 문제에 있거든요."

이유를 알 수 없는
거식증

많은 경우에 우리 몸은 우리 자신보다 영리하다. 우리는 종종 다른 방식으로는 표현하지 못하는 것을 몸을 이용해서 말한다. 또 때로는 감정을 묘사할 만한 능력이 없거나 적당한 말을 찾지 못할 때 몸으로 대신 말하기도 한다. 몸은 우리가 말로 할 수 없는 것을 전달해 주는 통역사인 셈이다. 음식을 거부하는 행위는 여러 가지를 가리키는 증상이다. 무엇을 가리키는 증상일까? 왜 이런 증상이 생겼을까?

그날 아스트리드 린드그렌 아동병원에서 우리는 도저히 바게트를 먹을 수 없었다. 당연히 그레타가 먹는다는 건 상상조차 할 수 없었다. 병원에서 그때 우리가 느낀 기분을 그레타는 평소 지속적으로 느끼고 있다는 엄연한 사실에 마음이 갈기갈기 찢어졌다.

스반테와 나는 계속해서 그레타의 거식증에 대한 답을 구했다. 밤이면 밤마다 인터넷을 뒤져 식욕부진과 자폐증, 거식증에 관한 기사란 기사는 다 찾아 읽었다. 그리고 그레타의 거식증이 단순히 식욕부진에서 나온 행동은 아니라고 확신했다. 하지만 식욕부진은 잠행성 질환이기 때문에 쉽게 알아차리기 어렵다는 말도 여러 군데서 들었다. 그래서 우리는 식욕부진일 가능성도 배제하지는 않았다.

우리 삶은 완전히 혼란에 빠졌다. 더 이상 어떤 논리도 통하지 않는 듯했다. 과민증, 글루텐(식물의 종자에 함유된 식물성 단백질) 알레르기, 요로감염, PANDAS(파이썬 프로그래밍 언어에서 데이터 분석을 위해 널리 사용되는 도구) 그리고 신경증적 질환에 관한 기사들을 나는 닥치는 대로 읽었다. 공연 때문에 아티펠락 극장에 갈 때를 제외하고는 하루 종일 누군가와 통화를 했다. 내가 그렇게 전화기를 붙들고 사는 동안 스반테는 그레타와 베아타에게 어떻게든 정상적인 가정 분위기를 만들어 주려고 노력했다.

나는 BUP 병원과 의료상담 기관에 전화를 걸었다. 의사와 심리학자에게도 전화했다. 거식증 문제에 대해 조금이라도 알고 있어서 조언을 해 줄 만한 사람을 찾아 연락했다. 전화 통화는 끊이지 않는 사슬처럼 계속됐다.

"제가 아는 어떤 사람이, 이러이러한 사람과 친분 있는 어떤 사람을 아는데……."

아드레날린이 나를 지치지 않게 했다. 그런 전화 통화라면 영원히 계속할 수 있을 것 같았다. 잠도 거의 못 자고 식욕도 잃고 때로는 밥 먹는 걸 까먹기도 했지만 말이다. 다행히 내 친구

케르스틴이 소개한 정신과 의사 리나와 몇 시간이나 대화를 나누었다. 리나는 내 말을 주의 깊게 듣고 조언해 주었다. 그리고 우리가 그레타를 쿵스홀멘에 있는 BUP 병원 분원에 데려갈 수 있도록 진료 예약까지 잡아 주었다.

그레타의 학교에는 자폐증을 앓는 아이들을 많이 다뤄 본 심리학자 한 분이 계셨다. 스반테와 나는 그분과 많은 이야기를 주고받았다. 정밀검사를 당연히 해 봐야겠지만, 그분의 개인적인 소견으로는 그레타가 명백하게 자폐 스펙트럼 장애 증상을 보인다고 지적했다.

"완벽주의 성향을 가진 아스퍼거 증후군 같습니다."

우리는 그 말을 이해하려고 무진 애를 썼다. 그녀가 제시한 가능성이 의심할 여지없이 그럴듯했기 때문이다. 하지만 우리 딸이 자폐증일지도 모른다는 생각을 받아들이려니 마음이 너무 무거웠다. 주변 사람에게 그레타가 어쩌면 자폐증인지도 모른다고 말하자 하나같이 "그럴 리가!" 하면서 무척 놀란 눈치였다. 왜냐하면 그동안 우리가 막연하게 자폐증이나 아스퍼거 증후군 아이들의 전형적인 행동양식이라고 생각했던 것들 가운데 어느 하나도 그레타에게는 해당되지 않았기 때문이다. 그레타 학교의 심리학자가 완전히 틀린 진단을 했거나 아니면 우리가 잘못 알고 있거나 아무튼 둘 중 하나였다.

우리는 BUP 병원에서부터 스톡홀름 센터에 이르기까지 여러 차례 면담을 가졌다. 그동안의 일을 이야기하고 그레타에게 어떤 치료법이 맞을지 함께 의논했다. 우리가 말하고 또 말하는 동안 그레타는 말 한 마디 하지 않고 우리 옆에 앉아 있었다. 그레타는 오직 나와 스반테 그리고 베아타하고만 말을 했다. 면담에 참석하는 의사가 심지어는 여섯인 경우도 있었고, 다들 우리를 도와주고 싶어 했지만 실제로는 아무런 도움이 되지 않았다.

적어도 그때까지는. 우리는 여전히 어둠 속을 헤매고 있었다.

그레타가 먹지 않은 지 두 달이 되어 가자 몸무게가 거의 10킬로그램이나 줄어들었다. 태어나면서부터 내내 작고 가녀린 체격이었던 아이가 10킬로그램이나 체중을 잃다니 큰일이었다. 체온이 내려가고 맥박이나 혈압 수치도 굶주렸을 때 나타나는 뚜렷한 증상을 보였다. 그레타는 기운이 없어서 계단을 오르지 못했다. 우울증 검사를 했는데 우울증 지수가 엄청나게 높게 나왔다. 우리는 그레타에게 병원에 입원해서 치료를 받아야 한다고 했다. 그레타가 먹지 않는 한 주사기와 호스를 통해서라도 영양분을 섭취할 수 있도록 도와야 한다고 설명해 주었다.

정말 운이 좋아야 한다

11월 중순, BUP 병원에서 그레타의 면담이 열렸다. 면담에는 섭식 장애 환자를 위한 센터에서 일하는 전문가 세 명이 함께 참석했다. 그레타는 여느 때와 마찬가지로 침묵했고, 나는 여느 때처럼 눈물을 흘렸다.

"주말이 지나도 아무 변화가 없으면 입원해서 치료받아야 한다."

의사가 그레타에게 말했다.

병원 밖으로 나가는 계단에서 그레타가 몸을 돌리더니 이렇게 말했다.

"다시 먹을게요."

"집에 가면 일단 바나나 한 개로 시작해 보자."

스반테가 반색하며 대꾸했다.

"아니요. 이제부터 완전히 정상적인 식사를 할 거예요."

우리 셋은 울음을 터뜨렸다.

집에 도착하자 그레타는 연두색 사과 한 개를 다 먹었다. 하지만 그걸로 끝이었다. 다른 음식은 먹을 수가 없었다. 다시 먹는 일은 생각보다 더 어려웠다. 그레타는 실망했지만 당황하지 않았다. 그레타의 결심은 확고했다. 그래서 우리는 계속해서 여러 음식을 시도해 보았고, 마침내 길 잃은 숲속에서 좁다란 길하나를 찾아냈다. 그 길에서 우리는 그레타의 반응을 살피며 조심스럽게 발걸음을 옮겼다. 효과가 있었다. 그레타의 다리에 힘이 생겼다.

우리는 아주 천천히 앞으로 나아갔다. 우리에게는 쌀과 아보카도, 칼슘 영양제와 바나나 그리고 충분한 시간이 있었다. 우리는 아낌없이 시간을 냈다. 한없이 많은 시간을.

스반테는 집 안에 머무르며 아이들 곁에서 잠시도 떨어지지 않았다. 우리는 오디오북을 듣거나 퍼즐 맞추기를 하고 학교 숙제도 했다. 그리고 매끼 식사가 끝나면 벽에 붙은 종이에 그레타의 식사량과 식사 시간을 기록했다.

베아타는 학교에서 돌아오기가 무섭게 자기 방으로 들어가 버렸다. 우리는 베아타의 얼굴을 거의 보지 못했다. 베아타는 우리가 느끼는 불안감을 눈치챘는지 우리를 피하기 시작했다.

우리는 그레타와 함께 오디오북으로 《머나먼 섬》과 《80일간의 세계 일주》 그리고 《오베라는 남자》를 들었다. 소설가 빌헬름 모베리가 쓴 4부작짜리 소설도 들었다. 1850년대 미국으로 이주한 스웨덴 사람들 이야기였다. 아우구스트 스트린드베리와 셀마 라거뢰프, 마크 트웨인, 에밀리 브론테의 작품들 그리고 안더스 포겔스트룀이 1860년부터 1968년까지 여러 세대에 걸쳐 스톡홀름 사람들의 삶을 묘사한 소설 다섯 편도 들었다.

바나나 한 개: 25분.

익힌 쌀 25그램과 아보카도 한 개: 30분

창밖으로 보이는 나무에서 마지막 잎사귀들이 떨어지고, 그레타의 회복을 향한 기나긴 여정이 시작됐다. 두 달이 지나자 그레타의 체중 감소가 멈췄다. 오히려 상황이 역전되어 서서히, 아주 서서히 체중 그래프가 다시 위로 올라가기 시작했다. 벽에 붙인 종이 목록에 연어와 감자 크로켓이 추가되었다.

스톡홀름 센터에서 그레타를 담당하는 의사는 정말 친절했다. 그레타의 체중과 맥박을 기록하고 우리에게 균형 잡힌 영양 섭취에 대해서 상세히 설명해 주었다. 그레타는 항우울제인 세르트랄린 복용을 시작했는데, 처음에는 아주 적은 양만 복용하고 차츰차츰 늘려갔다.

그레타는 굉장히 똑똑한 아이다. 기억력이 어찌나 좋은지 한 번 본 것은 무엇이든 사진을 찍은 것처럼 기억해 둔다. 세계 각국의 수도 이름을 줄줄 외울 정도였다. 내가 "케르겔렌은?" 하고 물으면 그레타는 "포르토프랑세"라고 대답한다.

"스리랑카는?"

"스리 자야와르데네푸라 코테(스리랑카의 법적 수도의 정식 명칭. 줄여서

'코테'라 부르기도 함. 흔히 스리랑카의 수도로 알고 있는 콜롬보는 행정 수도임)."

내가 "그걸 거꾸로 하면?" 하고 물으면 그레타는 그 복잡한 이름을 순식간에 거꾸로 말한다. 스반테는 자기도 어렸을 때 공항에 있는 비행기 운항 시간표를 달달 외웠다면서, 물론 그레타가 훨씬 낫긴 하지만 자기를 닮아서 기억력이 좋은 것 같다고 주장한다. 그레타는 1분 안에 화학 원소 주기율표를 말할 수 있지만 몇 가지 원소 이름은 발음을 몰라 짜증을 낸다.

학교 선생님 한 분이 일부러 시간을 내서 그레타에게 공부를 가르쳐 주셨다. 수업이 비는 시간과 쉬는 시간을 이용해 선생님은 학교 도서관에서 아무도 모르게 그레타를 가르쳤다. 덕분에 그레타는 5학년 교과과목 시험을 전부 통과했다. 그 선생님의 도움이 없었더라면 불가능했을 것이다. 아무것도 제대로 되지 않았을 것이다.

선생님은 이렇게 말했다.

"그동안 감수성이 아주 풍부하고 성취욕이 강한 여자애들이 망가지는 걸 많이 봤어요. 이제부터는 가만히 지켜보기만 하지 않으려고요. 더는 참을 수 없어요."

사람이 한번 망가지면 물건처럼 쉽게 고칠 수는 없는 법이다. 아무리 강한 의지와 충분한 정보가 있다 해도 사람을 고치는 데 사용되는 도구는 종종 무딜 뿐만 아니라 절망스러울 만큼 아무 효과가 없는 경우가 꽤 있다. 물론 의료 시스템을 통해 도움을 받기도 하지만 모두가 똑같은 혜택을 누릴 수는 없다. 의

49

료 시스템에서 인정하는 특정 유형에 속하는 극히 일부만 도움을 청할 수 있다. 그런데 그레타는 거기에 속하지 않았다.

몇 달 동안 우리는 여러 의료 기관을 전전하며 그레타의 질병과 끊임없이 싸워 왔지만 결국 모든 것을 우리 스스로 해결해야 한다는 결론에 도달했다. 우리뿐 아니라 수많은 가족이 같은 결론을 내렸을 것이다. 우리는 악순환에 빠져 옴짝달싹 못할 지경이었다. 깨어 있는 시간 전부를 그레타의 진료와 의사 면담에 바쳤지만 고작해야 어떤 방법을 써볼 수 있는지 의논하는 게 다였다. 그것도 당장이 아니라 나중에 쓸 수 있는 방법에 대해.

성공적인 사회주의 국가라면 당연히 충분한 자원을 갖춘 정부 기관에서 정신 질환 정보를 제공하고 그러한 질환을 예방하는 활동을 펼쳐야 한다. 이런 기관이 있다면 교사와 학부모, 아이들이 적절한 교육을 받고 주요한 정보를 놓치지 않을 것이다. 그리고 그런 기관이야말로 집단생활을 중요시하는 현대사회가 가장 큰 이익을 볼 수 있는 투자가 아닐까.

하지만 우리에게 그런 기관은 없다. 대신 아동·청소년 신경정신과만 있을 뿐이다. 이 분야의 종사자들은 항시 과중한 업무에 짓눌려 있고, 급한 불을 끄기에 급급하며 이것에 대부분의 시간을 보낸다. 학교 시스템은 모든 학생에게 똑같은 방식으로 행동하기를 요구하고, 교사들은 기진맥진한 상태로 있을 뿐이다.

그러니 문제가 생기면 스스로 해결하는 수밖에 없다. 필요한 지식을 습득하고 싸워야 한다. 그리고 무엇보다 운이 따라야 한다.

집단 괴롭힘

"애들이 항상 저렇게 쳐다보니?"

"몰라요. 아마도 그럴걸요."

스반테는 그레타와 함께 학교 행사에 참석했다. 겨울방학식 행사였다. 두 사람은 교실 맨 끝줄에서, 복도와 계단에 서서 가능한 한 사람들 눈에 띄지 않기 위해 애를 썼다. 스반테가 보기에는 그레타의 상황이 결코 가볍지 않았다.

"아빠가 옆에 서 있는데도 아이들이 대놓고 손가락질을 하면서 널 보며 웃는다면 절대 무시할 만한 일이 아니야. 아주 심각한 사태야."

아이들이 놀림을 당하는 건 끔찍한 일이다. 그런데 놀림을 받으면서 자신에게 그런 일이 일어나고 있는 줄 모르고 있다는 건 더 안 좋았다. 집에 돌아온 스반테는 그레타가 익힌 쌀과 아보카도를 먹는 동안 학교에서 있었던 일을 내게 들려주었다. 나는 그 이야기를 듣고 어찌나 화가 나는지 폴헴스가탄(스톡홀름 시의 한 구역) 절반을 확 쓸어버리고 싶은 심정이었다. 하지만 우리

딸의 반응은 전혀 달랐다. 그레타는 행복해했다. 그저 안도감을 느낀다거나 평온한 상태가 아니라 아주 큰 행복감을 느끼고 있었다.

겨울방학 동안 그레타는 자기가 처했던 상황이나 놀림당한 일들, 정말 소름끼친다고 말할 수밖에 없는 일들을 얘기했다. 집단 괴롭힘을 다룬 영화에서나 볼 법한 장면들이 하나하나 눈앞에 펼쳐졌다. 그레타 말로는 학교 교정에서 얻어맞기도 하고, 구석진 곳으로 끌려간 적도 있다고 했다. 그레타는 아이들에게 철저하게 왕따를 당한 경험을, 화장실에 숨어서 울었던 경험을 털어놓았다. 화장실에서 울고 있는데 쉬는 시간에 순찰을 도는 선생님에게 들켜서 억지로 교정으로 내보내졌다고 했다. 우리는 그레타가 겪은 다른 일들도 알게 되었다. 아이들의 집단 괴롭힘은 벌써 1년째 계속되고 있었다.

스반테와 나는 이 사실을 학교에 알렸다. 하지만 학교는 우리와 다른 관점에서 사태를 바라보았다. 학교에서는 이런 일들이 그레타의 태도에 문제가 있어서 발생한 것으로 판단했다. 그레타가 이상하게 행동한다고, 너무 작은 소리로 말하거나 인사를 아예 하지 않는다고, 많은 아이들이 말했기 때문이다. 학교에서 보낸 이메일에는 그레타가 인사를 한 적이 한 번도 없다는 사실이 강조되어 있었다. 그리고 더 심한 말들이 적혀 있었지만 오히려 그런 내용이 우리에게는 도움이 됐다. 왜냐하면 우리가 학교 측의 부당한 처사에 대한 불만을 교육청에 제기했을 때 이메일 내용이 반박할 수 없는 증거 자료로 쓰여서 교육청이 우리 편을 들어주었기 때문이다.

그레타의 선생님은 계속해서 몰래 공부를 가르쳐 주었다. 이 사실을 알게 된 학교에서 비밀 수업을 그만두라며, 그레타는 물론이고 우리와도 계속 교류하면 해고하겠다고 위협했지만 선생님은 끄떡도 하지 않았다. 그렇게 한 주 한 주가 흘렀다. 스반테가 학교 밖 자동차에서 그레타를 기다리는 동안 그레타는 몰래 학교 도서관으로 가서 수업을 받고 다시 살짝 학교를 빠져나왔다.

나는 그레타에게 나중에 친구를 다시 사귀게 될 거라고 위로했다. 그레타는 매번 같은 말로 대꾸했다.

"친구를 사귀고 싶지 않아요. 내 친구라면 아이일 텐데 아이들은 전부 못됐어요."

그레타는 모세스를 끌어안았다.

"내가 언니한테 친구가 돼 줄게."

베아타가 말했다.

그 즈음 다행스럽게도 스반테가 "확실히 나아지는 것 같아" 하며 밝은 표정으로 벽에 붙은 종이에 적었다.

아보카도 1.5개, 연어 두 조각과 익힌 쌀, 칼슘영양제 한 알: 37분

외로운 베아타

스톡홀름 센터에서 검사한 결과 그레타의 맥박이 정상치에 도달하고 체중 그래프도 마침내 안정적으로 상승 곡선을 그리기 시작했다. 그레타는 신경정신과 테스트를 받게 되었고, 아스퍼거 증후군과 고기능 자폐 장애, OCD(Obssesive Compulsive Disorder: 강박 장애. 어떤 특정한 사고나 행동을 떨쳐버리고 싶은데도 자신의 의지와 상관없이 그것을 반복적으로 하게 되는 상태) 진단을 받았다.

"선택적 함묵증(어떤 상황에서는 말을 잘 하는데도 특정 장소나 상황에서 말을 하지 못하는 것을 일컬음. 선택적 함구증이라고도 함.) 증상도 보입니다만, 이 증상은 종종 나이가 들면서 저절로 나아집니다."

우리는 별로 놀라지 않았다. 사실 벌써 몇 달 전부터 충분히 예상했던 결론이었다. 우리가 BUP 병원에서 그레타의 진단 결과를 놓고 이야기할 때 그레타의 학교에 있는 심리학자도 동석했다. 그녀는 처음부터 그레타가 아스퍼거 증후군인 것 같다고 솔직하게 말해 준 바 있었다. 우리는 그녀에게 고맙다고 인사를 했다.

우리가 BUP 병원을 떠날 때쯤 친구네 집에서 저녁을 먹겠다는 베아타의 전화를 받았다. 나는 양심의 가책을 느꼈다. 늘 혼자 먹던 베아타가 누군가와 함께 저녁을 먹는 것은 정말 오랜만에 있는 일이었다. 나는 베아타에게 "미안하구나. 조금만 지나면 너도 챙겨 줄게."라고 약속했다. 베아타를 달래기보다는 내마음이 편해지고 싶어서 한 말이었다. 그리고 "지금은 우선 언니가 건강해져야 해."라고 덧붙이는 것도 잊지 않았다.

여름이 눈앞에 성큼 다가왔다. 우리는 걸어서 집에 갔다. 그레타가 칼로리 소비하는 것을 이제 더는 조심할 필요가 없었다.

커다란 쓰레기 섬

그레타가 겪은 일은 단순히 의학 전문용어로만 설명할 수는 없다. 그레타가 다른 아이들과 달라서 일어난 일로만 간주할 수도 없다. 그레타는 환경오염과 관련된 사태를 다른 아이들과는 완전히 다르게 받아들였다.

그레타네 반 수업 시간에 해양오염 문제를 다룬 영화를 보여 준 적이 있었다. 태평양 남쪽에 멕시코보다 더 큰 크기의 쓰레기더미가 섬을 이룬 채 떠다니는 장면이 영화에 나왔다. 그레타는 영화를 보다가 눈물을 터뜨렸다고 한다. 반 아이들도 충격을 받은 표정이었다. 수업이 끝날 때쯤 선생님은 이번 주말에 결혼식 참석차 미국 뉴욕 근방으로 가야 해서 월요일 수업은 다른 분이 대신할 거라고 말했다. 아이들이 "와! 좋으시겠네요!"라고 탄성을 질렀다.

쉬는 시간 복도로 나온 아이들의 기억 속에서 칠레 해안의 쓰레기 섬은 어느새 사라져 버렸다. 아이들은 저마다 오리털 재킷에서 아이폰을 꺼내들기 바빴다. 뉴욕에 가 봤던 아이들은 근사한 가게가 얼마나 많은지 늘어놓았다. 한 아이가 쇼핑하기에는 바르셀로나가 최고라고 하자 다른 아이 하나가 물건값은 태국이 정말 싸다고 말했다. 어떤 아이는 부활절 방학 때 엄마랑 베트남에 간다고 자랑했다. 그레타는 이 모든 게 이해가 가지 않았다.

영화를 본 날 급식 메뉴는 햄버거였다. 그레타는 도저히 먹을 수가 없었다. 학교 급식실 안은 비좁고 후끈후끈한데다가 귀청이 떨어져 나갈 정도로 시끄러웠다. 접시에 놓인 기름진 고깃덩어리는 그레타에게 더 이상 음식이 아니었다. 감정을 느끼고 의식과 영혼을 가진 어느 생명체의 짓이겨진 근육이었다. 그레타의 망막에 쓰레기 섬이 깊이 새겨져 있었다.

그레타는 울기 시작했다. 집에 가고 싶지만 갈 수 없었기 때문이다. 집에 가는 대신 학교 식당에 앉아 죽은 동물을 먹어야 하고 유명 상표 옷과 화장품, 최신 핸드폰에 대해 떠들어야만 했다. 접시 가득 담긴 음식 맛이 끔찍하다고 투덜거리면서 조금 뒤적이는 시늉을 하다가 쓰레기통에 몽땅 버려야만 했다. 자폐증이나 식욕부진, 아니면 뭔가 다른 불편한 기색을 조금도 내비치지 않은 채 그렇게 해야 했다.

그레타가 아스퍼거 증후군 진단을 받은 것은 사실이지만 그렇다고 해서 그레타의 생각은 틀렸고 우리가 옳다고 생각할 수는 없다. 우리에게는 아주 쉬운 방정식, 즉 일상이 원활하게 돌아가도록 해 주는 입장권 같은 방정식이 그레타에게는 아주 어려운 문제였다. 그레타가 아무리 애를 써도 방정식은 풀 수 없을 것이다. 왜냐하면 우리가 외면하려는 것들이 그레타의 눈에는 보이기 때문이다.

그레타는 맨눈으로 이산화탄소를 알아차릴 수 있는 극소수의 사람이다. 그레타는 우리의 굴뚝에서 뿜어져 나오는 온실가스(땅에서 복사되는 에너지를 일부 흡수함으로써 온실효과를 일으키는 기체. 화석연료 사용 시 발생하는 이산화탄소가 전체 온실 가스의 약 60퍼센트를 차지하고 있음.)가 바람을 타고 하늘로 올라가 보이지 않는 거대한 오염층을 만드는 것을 볼 수 있다.

어쩌면 그레타는 〈벌거벗은 임금님〉 이야기 속 어린아이고, 우리는 임금님일지 모른다. 우리는 모두 벌거벗고 있다.

우리 아이의 삶이 달린
문제에 대한 시선

세상 모든 부모가 내 아이를 구하기 위해서라면 질주하는 기차 앞에 몸을 던질 수 있다고 말한다. 그건 아무도 부인할 수 없는, 본능적인 행동이다. 그런데 실상 아이를 위험에 빠뜨릴 기차가 다가온다고 치면 단 한 대로 끝나는 경우는 드물다. 두 팔을 뻗어 아이를 낚아채는 겨우 10분의 1초 정도도 문제가 안 된다. 하지만 뭔가 딱 맞아떨어지지 않는다. 영화에서 본 구출 장면처럼 단숨에 아이를 구해낼 수는 없다.

그레타가 집단 괴롭힘을 당하고, 아스퍼거 증후군 진단을 받고, 왕따를 당하는 것과 더불어 우리가 모르는 좀 더 중대한 일이 서서히 윤곽을 드러내고 있었다. 우리는 그 일이 너무나 서서히 진행되어서 무언가 문제가 있는 것조차 잘 알아차리지 못했다. 사실 그다지 어렵지 않았으나 우리가 인정하기에 너무나 불편한 진실이었다.

결국 우리가 보다 큰 문제로 시선을 돌리자 더 이상 눈을 뗄 수 없었다. 그 일로 얻게 된 깨달음이 우리의 시야를 모두 차지하고, 모든 것을 바꾸어 놓았기 때문이다. 우리 몸의 모든 세포가 그 일을 외면하라고 소리쳤지만, 우리는 그렇게 하지 못했다. 왜냐하면 우리 아이의 삶이 달려 있는 문제이기 때문이다. 우리 아이를 위해서라면 못할 일이 무엇이겠는가?

우리가 이 중대한 일을 제대로 파악하기까지는 4년이나 걸렸다. 4년이 지나서야 비로소 우리는 우리 삶을 송두리째 바꿔 놓을 중대한 사태(그레타가 거식증을 앓기 시작했던 2014년으로부터 4년 후인 2018년 8월에 기후를 위한 등교 거부를 한 것으로 미루어 볼 때 여기서 중대한 사태는 기후 위기와 지속 가능성 위기를 가리키는 것으로 보임.)를 이해하게 되었다.

인류를 위협하는
지속 가능성 위기

 내가 유명해진 것은 서른여덟 살 때였다. 물론 유로비전 송 콘테스트에 스웨덴 대표로 출전하기 전에도 어느 정도 알려지긴 했었다. 하지만 유명하다는 건 이름이 알려졌다는 것과는 완전히 다른 상황이다. 실제로 경험하지 않고선 그 차이를 설명하기 힘들다.

 2009년 1월 중순, 스반테와 함께 한숨을 쉬며 달력에서 일정을 확인하고 있는데, 당시 에이전트가 이렇게 물었다.

 "말레나가 유로비전 송 콘테스트에서 우승하면 어떻게 되는 건가요?"

 스반테가 웃으며 대답했다.

 "말레나는 오페라 가수입니다. 설마 말레나가 우승할 거라고 생각하진 않죠?"

 유로비전 송 콘테스트 스웨덴 지역 예선 바로 다음 날에 스반테와 나, 그리고 〈아프톤블라뎃〉과 〈엑스프레센〉 소속 기자

네 명은 함께 프랑크푸르트로 날아갔다. 〈라 세네렌톨라(로시니가 동화 신데렐라 이야기를 토대로 1817년경 완성한 오페라)〉 공연 준비를 위해서였다. 초연이 닷새 뒤로 잡혀 있었다. 한마디로 스트레스를 일으키는 일정이었다.

내 에이전트는 내게 며칠간이라도 개인 시간을 확보해 주려고 오페라 극단 쪽에 무릎을 꿇다시피 하며 사정을 했다. 전혀 예상도 못했는데 내가 유로비전 송 콘테스트 스웨덴 예선에 나가게 되었을 뿐만 아니라 심지어는 우승을 했기 때문이다. 그래서 나는 프랑크푸르트와 빈, 스톡홀름 공연의 주연으로 노래하는 일정을 소화하면서 모스크바에서 열리는 본선에도 참가해야 했다.

"할 수 있겠어요?"

"전부 다 할 수 있어요."

에이전트의 물음에 나는 단호하게 대답했다.

스반테와 나는 그때까지 초연 축하 파티에 간 적이 없었다. 유명 인사가 모이는 파티에도, 다른 그 어떤 파티에도 참석한 적이 없었다. 사교생활을 꺼리는 사람들은 에너지와 시간을 낭비하지 않는 법이고, 나는 콘서트나 공연이 끝나면 곧장 집으로 갔다. 스톡홀름에서 공연할 때면 나는 관객들보다도 먼저 극장을 나서기도 했다. 그리고 집으로 가는 자전거 위에서 무대화장을 지웠다. 내가 주연인 공연이라 반드시 참석해야만 하는 경우를 빼고는 초연 축하 파티에도 가지 않았다. 아이들과

일. 스반테와 내가 감당할 수 있는 일은 그 두 가지가 전부였다. 나머지는 모두 그다음이었다. 그렇게 우리는 일을 해 왔고, 또 이 책도 그렇게 쓰고 있다.

이제 우리는 우리 자신보다 더 중요한 일들에 대한 생각을 밝히려고 한다. 지구의 환경문제와 기후 문제는 세계의 무질서가 초래한 결과인 동시에 그것을 가장 극명하게 보여 주는 예라고 생각한다.

지금 우리는 인류 문명의 지속 가능성 위기에 직면해 있다. 그것을 무엇보다 잘 드러내고 있는 것이 바로 지구온난화이다. 지구온난화로 인해 서아프리카의 토양이 침식되고, 중동 지방은 메말라 가고 있으며, 태평양의 섬나라들은 해수면 상승으로 사라질 위기에 처해 있다. 서구 유럽에 스트레스성 질병이 만연하고 인종차별적인 분리가 일어나며 아동·청소년 신경정신과 환자가 날로 늘어나는 것도 결코 무관하지 않다.

지구는 우리가 접하는 그래프와 도표를 통해 메시지를 던져 준다. 북극의 빙하가 얼마나 빠른 속도로 사라져 가고 있는지 알 수 있다. 지구는 지금 열병을 앓고 있고, 이 열은 세계 도처에서 볼 수 있는, 인류 문명의 지속 가능성 위기를 드러내는 지표 가운데 하나일 뿐이다. 사실 그 위기는 무엇보다도 우리의 생활방식과 가치관이 미래의 생존을 위협하는 데서 발생한 것이다.

결과적으로 이 모든 게 지속 가능성 위기로 압축된다. 지속 가능성 위기는 대기오염과 생태계뿐만 아니라 경제체제와 정치 체계에서도 뚜렷하게 나타난다. 그리고 우리를 인류 건강 상태의 핵심이 되는 문제로 이끌고 있다.

베아타의 이상 행동

2010년 겨울, 우리는 브뤼셀의 뤼 뒤 포제 오 루에 있는 상당히 낡은 집을 빌렸다. 둘째딸 베아타가 막 네 살이 될 무렵이었다. 내 공연이 없는 날 우리 가족은 안트베르펜 동물원을 구경할 계획이었다. 브뤼셀 공항에 도착 후 수하물 사이에서 여행 가방을 찾고 보니, 이 퇴치 약병이 깨지는 바람에 짐 전체에 냄새가 배어 있었다. 〈말괄량이 삐삐〉와 〈마디켄〉 DVD가 전부 망가졌고, 우리가 밟고 다니는 계단에는 파라닉스 냄새가 진동했다.

동물원 구경을 가기로 한 날, 모두 아침 일찍 일어났다. 우리는 아홉 시도 안 돼서 미디 기차역으로 갈 준비를 마쳤다. 하지만 그 전에 해결할 문제가 하나 있었다. 베아타에게 깨끗한 양말을 갈아 신겨야만 했다. 베아타는 많은 부분에서 아주 예민하게 반응했는데, 옷도 그랬다.

베아타는 "싫어요, 꺼끌거려요!"라고 소리를 지르면서 바닥을 뒹굴었다. 스웨터와 바지가 몸에 꼭 맞지 않았기 때문이다.

이렇게 떼를 쓸 때면 우리는 종종 베아타를 안고 엘리베이터에 탄 뒤 유모차에 앉혀 놓고 옷을 갈아입히곤 했다. 하지만 모든 게 통제 불능이고 평소 쓰던 방법조차 통하지 않는 날은 그마저도 먹히지 않았다.

당연히 그렇게 마구 떼를 쓰는 일은 그만두게 해야만 했다. 그날만큼은 우리도 절대 양보하지 않기로 했다. 깨끗한 양말을 신기 전에는 안트베르펜 동물원에 가지 않겠다고 말했지만, 베아타는 조금도 굽히지 않았다. 두 시간 동안이나 실랑이를 하다가 결국 우리는 베아타가 근 한 달간 신은 더러운 양말을 타협안으로 제시했다. 베아타는 그마저 싫다면서 거부했으나, 우리는 베아타의 행동을 어디까지 허용할지를 정한 다음 좀 더 단호하게 명령했다. 물론 그런 일이 처음은 아니었지만 스반테와 나는 하루 종일 시간이 있었다. 그날은 절대로 도중에 양보하지 않으리라 마음먹었다.

드디어 오후 두 시가 돼서야 집을 나설 수 있었다. 우리는 안트베르펜으로 가는 기차에 올랐다. 베아타는 맨발에 신발만 신은 채 다리를 흔들며 즐거운 표정을 짓고 있었다. 결국 베아타의 승리로 끝이 났고 베아타는 더욱 의기양양했다.

"너에 비하면 떠들썩한 마을의 로타(《말괄량이 삐삐》의 저자 아스트리드 린드그렌이 쓴 《떠들썩한 마을의 아이들》에 나오는 등장인물)는 마하트마 간디 수준이구나."

스반테는 웃으면서 말했다.

베아타는 개구쟁이 같은 미소를 지었다. 그럴 때 베아타는 늘 그렇듯이 정말 믿을 수 없을 만큼 사랑스러웠다. 베아타는 기분이 좋아 보였다. 그렇게 우리는 기차를 타고 동물원에 갔다.

정상적인 가족?

이런 행동을 영어로는 멜트다운meltdown이라고 부른다. 예의 바른 태도를 유지하느라 억눌렀던 감정들이 쌓여 있다가 더는 감당할 수 없게 되자 폭발적으로 터져 나오는 현상이다.

우리가 안트베르펜 동물원에 놀러 가기 한두 달 전 크리스마스이브에 베아타에게 멜트다운이 찾아왔다. 물론 베아타는 그 이전에도 비슷한 행동을 몇 차례 하기는 했다. 크리스마스에 대한 기대로 한껏 들떠 있던 베아타가 어느 순간 주변의 흥분된 크리스마스 분위기를 감당하지 못하고 폭발하고 말았다. 온갖 감정들이 뒤엉켜 자신을 통제하지 못했다. 베아타는 고삐 풀린 망아지처럼 날뛰었고, 나중에는 우리 모두 서로 뒤엉킨 채로 바닥에 뒹굴었다. 그리고 마침내 얌전해진 베아타를 나는 두 팔로 꼭 안아 주었다.

"네가 무슨 행동을 하는지 모르겠니?"

나는 절망감에 흐느꼈다.

"알아요."

"그런데 대체 왜 이러니?"

베아타도 흐느끼기 시작했다.

"저도 몰라요."

뭔가 크게 잘못되고 있다는 신호가 많았지만 우리는 별로 대수롭지 않게 여겼다. 베아타가 그렇게 행동할 때마다 그저 소리를 지르거나 두 팔을 허공에 내젓는 건 버릇없는 행동이라고 설명하는 게 다였다. 그것도 네 살짜리한테. 돌이켜보면 우리 둘 다 멍청하기 짝이 없었다. 나중에 나는 스반테에게 이렇게 말했다.

"베아타가 ADHS(Attention-Deficit Hyperactivity Syndrom: 주의력 결핍 및 과잉행동. 종종 주의력 결핍 및 과잉행동 장애를 뜻하는 ADHD(Attention-Deficit Hyperactivity Disoder)로 불리기도 함.)인 것 같아. 아무리 봐도 보통 고집 부리는 거랑은 다르잖아."

그 당시 내가 왜 그런 결론을 내렸는지 모르겠다. 사실 그 추측이 맞았다고 해도 몇 년간은 별 도움이 되지 않았으리라는 걸 지금은 안다. 하지만 그래도 일찌감치 ADHS를 의심하며 여러 가지 방법을 찾아봤다면 상황이 훨씬 나았으리란 생각이 든다. 시간이 한참 지난 후에야 베아타의 행동이 정상적이지 않다는 사실을 우리가 얼마나 오랫동안 외면했는지 깨달았다. 진실을 받아들이는 대신 우리는 자신을 탓하며 상황에 우리를 맞추었다. 차마 인정하기 싫은 진실 앞에서 누구나 그러듯 우리도 그랬다.

베아타는 유치원과 집 밖에서는 천사였다. 영리할 뿐만 아니라 수줍음이 많으면서 애교도 많은 사랑스러운 아이였다. 다른 사람들 앞에서 어떻게 행동해야 할지 잘 알고 그렇게 행동했다. 베아타에게 집에서는 어떻게 생활하는지 유치원 선생님에게 말하겠다는 암시를 조금이라도 보이면 금세 울음보를 터뜨렸다.

물론 당시에는 베아타의 모든 행동이 ADHS를 가진 여자아이들이 보이는 초기 증상이라는 사실을 몰랐다. 그런 증상에 대한 지식과 정보를 제공하는 정부 기관이 전혀 없었는데 우리가 어떻게 알 수 있겠는가? 우리는 그저 아는 것만 알고 있었고, 우리가 아는 범위에서 해야 한다고 판단한 일들을 했을 뿐이다. 아이의 행동에 부모가 용납할 수 있는 한계를 정해야 한다고 판단해서 그렇게 했고, 아이가 정상적인 생활을 할 수 있도록 도와야 한다고 판단해서 그렇게 했다. 그런 생각으로 우리는 계속해서 아이를 야단치고 또 야단쳤다. 이런 훈육 방식은 계속 유지됐고, 우리는 베아타에게 용납 가능한 선을 분명하게 그어 주었다.

우리는 휴대폰으로 호텔을 검색한 후 북쪽으로 차를 몰았다. 목적지는 스키 휴양지로 유명한 스웨덴 북부의 오레였다. 우리끼리만 있으면 베아타가 문제 행동을 일삼는 만큼 호텔과 레스토랑에서 사람들 사이에 섞여 있으면 괜찮을 거라고 생각한 끝에 내린 결론이었다. 스반테는 이 방법이 아주 괜찮진 않더라도 베아타가 분명히 나을 거라고 장담했다.

"두고 봐, 모든 게 좋아질 거야."

이 논리는 정말로 먹혀들었다! 아이들이 스키를 타는 언덕에서 베아타가 잠깐 눈물을 흘리고, 스트레스를 받은 것 외에는 모두 즐거웠다. 그곳에서 우리 가족은 정상적으로 지냈다. 스키를 배웠고 뜨거운 코코아를 마시거나 감자튀김과 소시지를 먹었다. 오후에는 수영을 하고 저녁은 레스토랑에서 해결했다. 멋진 휴가였다.

평온한 휴가를 보내고 싶었던 우리는 당장 직면한 문제를 훗날로 미루고 못 본 척했다. 이 경우에도 지금껏 배워 온 대로, 실제 내용보다는 겉모습을 중요하게 여겼다. 우리 가족은 여느 가족과 다르다는 걸 내색하지 않고 약점을 숨겼다. 앞에 놓인 길만 바라본 채 결코 옆을 살피지 않았다.

다시 일상

그레타가 아스퍼거 증후군을 진단받은 지 반 년이 지나자 다소 안정을 되찾아 일상을 규칙적으로 보낼 수 있게 됐다. 2015년에 그레타는 막 전학한 새 학교에 다니고 있었다. 나는 스케줄 달력에 있는 일정을 모두 지워 버리고 무리하지 않는 선에서 일했다. 4학년이 된 베아타는 음악과 춤에 푹 빠져 있었다. 우리 작은딸은 영국의 4인조 걸 그룹 '리틀 믹스'의 열광적인 팬이었다. 베아타의 방 벽은 온통 리틀 믹스 멤버 네 명의 사진으로 도배될 지경이었다. 베아타는 음악 신동이다. 나는 오페라 곡하나를 이틀 만에 암기하는 나보다 음감이 좋은 사람을 여태 베아타를 제외하고는 본 적이 없다.

베아타는 음악 프로그램 〈알송 포 스칸센〉에서 주최한 '스웨덴 가곡의 밤' 생방송에 나가 수천 명 앞에서 노래를 불렀다. 긴장하는 기색이라곤 전혀 없었고 모든 음이 완벽했다. 나는 베아타만큼 곡을 빨리 소화해 내는 사람을 본 적이 없다.

우리가 다시 기운을 차리고 그레타를 돌보느라 여념이 없는 동안 베아타의 분노가 폭발하는 일은 점점 늘어났다. 베아타는 이제 겨우 열 살인데 사춘기 증상이 심했다. 도저히 정상적인 분노와 고집이라고는 생각할 수 없을 만큼 격렬했다. 학교에서는 아무런 문제가 없었지만, 집에서의 베아타는 전혀 통제되지 않았다. 우리와 함께 있는 것을 더는 견뎌 내지 못했다. 스반테와 내 행동 하나하나가 베아타에게는 거슬렸다. 사람들과 어울리려면 지켜야 하는 사회적 규칙도 아마 우리 앞에서는 불필요하다고 느꼈기 때문인지도 모른다. 소리와 맛, 옷과 그 밖의 여러 가지에서 자기 마음에 들지 않는 것이 있으면 베아타는 극도로 예민해져 자신이 느끼는 좌절감을 참지 않고 마음껏 분출했다. 분명 문제가 있었지만 우리는 그때까지도 정확한 원인을 알지 못했다. 어떻게든 일상을 유지하려고 애쓰면서 우리 자신이 얼마나 지쳐 있는지도 몰랐다. 어쩌면 그래서 우리의 판단력이 흐려져 있다는 사실도 몰랐던 것 같다.

시리아 난민 가족과 함께

2015년 가을, 유럽은 제2차 세계대전 이후 가장 큰 난민 문제(시리아 난민 문제를 가리킴. 2011년 9월 유럽연합 의회는 12만 명의 시리아 난민을 받아들이는 것을 승인했으며, 2013년 9월 스웨덴 이주 당국은 스웨덴에 망명을 신청한 시리아인에게 영주권을 부여한다고 발표했음.)에 봉착해 있었다. 하지만 이주 당국에서 일하는 담당자나 난민 숙소에 발생한 화재를 진압하기 위해 이틀 간격으로 출동하는 소방대원이 아닌 이상 대부분의 사람에게는 난민 문제가 그다지 크게 다가오지 않을 것이다.

하지만 우리 가족의 생각은 달랐다. 시리아 난민 문제를 해결하려면 시민들부터 소매를 걷어붙이고 난민들을 돕는 데 적극 동참해야 한다고 생각했다. 그래서 힘닿는 한 난민들을 돕는 데 앞장섰다. 그런데 베아타와 그레타는 그 이상의 무언가를 원했다. 아이들은 잉가뢰 섬에 있는 여름 별장을 난민들에게 숙소로 내주자고 제안했고, 그해 11월에 시리아 난민 가족이 우리가 제공한 숙소로 들어왔다. 우리는 그들에게 버스 티켓을 구해 주고 식료품을 사 날랐다. 그들은 망명 신청이 받아들여질 때까지 우리 여름 별장에 머무를 예정이었다.

주말이면 우리는 시리아 난민 가족과 함께 시리아 음식을 먹고 다마스쿠스에서 찍은 사진들을 보았다. 그 자리에는 우리 이웃들도 함께했다. 그레타는 고개를 숙인 채 사발에 담긴 요리와 접시에 놓인 채소 냄새만 맡았다. 베아타는 입가에 미소를 띠고 우리가 빌려 온 소파 위에 똑바로 앉아 용감하게 시리아 음식을 맛보았다. 스반테와 나는 좋은 손님 노릇을 하려고 최선을 다했다.

아무튼 이런 식으로 시리아 내전의 여파가 우리 집까지 미치기는 했지만 여전히 너무 멀리 떨어진 곳에서 일어나는 일이라 우리가 사태를 제대로 이해하는 데에는 한계가 있었다. 아무리 애를 써도 앞으로 나아가는 아주 작은 걸음마저 우리에게는 이루 말할 수 없이 힘든 지경이어서 다른 생각을 할 여력이 없었기 때문이다. 우리는 너무 지쳐 있었다.

세상에서 제일 나쁜
엄마

"엄마는 바보 멍청이야!"

베아타가 이층 거실 선반에 있는 DVD들을 꺼내 와 주방으로 내려가는 계단 쪽으로 집어던지며 욕을 했다. 그럴 때마다 나는 베아타에게 그게 왜 나쁜 말인지 자세하게 설명해 주면서 다시는 그러지 말라고 타이르곤 했다. 하지만 그것도 이제 더는 통하지 않았다. 베아타가 즐겨 보는 〈삐삐〉와 〈마디켄〉의 영향도 무시할 수는 없었다. 베아타가 욕설을 내뱉는 게 처음도 아니었고, 분명 마지막도 아니었다.

"엄마랑 아빠는 그레타 언니 걱정만 해! 내 걱정은 생전 안하고. 엄마가 미워. 엄마는 세상에서 제일 나쁜 엄마야!"

베아타가 고래고래 소리를 질렀다. 베아타가 던진 〈펭귄 야스퍼〉 DVD가 내 머리를 쳤다. 베아타는 계속해서 〈라스무스와 방랑자〉, 〈해리 포터〉, 〈안젤리나 발레리나〉 그리고 수많은 영화 DVD를 사정없이 집어 던졌다. 그러고 나서는 자기 방 방문을 '쾅!' 닫고 들어가더니 온몸으로 벽을 세게 들이받았다. 한

두 번이 아니었다. 베아타는 계속해서 멈추지 않고 벽을 들이받았다. 생각보다 이중 석고판 벽이 몹시 견고하다는 사실에 우리는 새삼 감탄을 금치 못했다. 어찌됐든 벽이 무너지거나 금 간데 없이 무사해서 다행이었고, DVD는 어차피 오래전에 망가진 것들이라 상관없었다.

그런데 망가지기는 우리도 마찬가지였다. 안타깝게도 우리는 이층 벽처럼 단단하지 않았다. 적어도 나는 그랬다. 베아타의 두 번째 폭발이 첫 번째보다 더 견디기가 힘들었다. 음식을 거부하는 그레타의 상태가 더 심각하긴 했지만 한 번으로 그치지 않는 베아타의 폭발 또한 우리를 고통스럽게 했다. 그레타의 경우에는 킬로그램, 분들과 날들, 표와 신체구조의 문제였으므로 전부 분명하게 확인할 수 있었다. 이러한 구체적인 형식은 우리에게 일종의 안도감을 선사했다. 반면에 베아타의 경우에는 모든 것들이 혼란과 강요, 고집과 공황 발작의 연속이었다.

둘 사이 유일하게 비슷한 점이 있다면 이런 일들이 발생한 시점뿐이었다. 베아타가 감정 폭발을 일으키기 시작한 나이는 정확하게 열 살에서 열한 살 사이로, 그레타의 거식증이 시작된 때와 똑같이 사춘기 직전이었다.

비행기를 타는 일이
최악의 행동이에요

몇 주가 지나지 않아 일상은 또다시 산산조각이 났다. 스톡홀름 시립극장에서 공연을 막 끝낸 나는 기진맥진해 있었다. 내 안에 있던 힘까지 모조리 써 버렸기 때문이다. 그레타를 돌보기도 힘들 만큼 아드레날린이 아주 많이 부족했다.

"분명 다시 좋아질 거야."

스반테가 나를 격려했다.

스반테는 분위기 전환을 위해 베아타와 함께 여행을 가기로 결정했다. 둘이 함께 시간을 보내고 휴식도 하고 또 사람들이 흔히 휴가에서 즐기는 많은 것들을 하겠다고 했다. 그게 뭐가 됐든.

그레타는 섭식 장애 문제로 함께 갈 수 없었다. 게다가 기후 위기 때문에 그레타는 비행기를 이용하지 않는다.

"비행기를 타는 일이 우리 행동 중에서 최악이에요."

하지만 이번 여행이 베아타에게 도움이 된다면 아빠랑 동생은 비행기를 타도 괜찮다고 말했다. 스반테와 베아타는 비행기로 이탈리아의 사르데냐 섬에 도착한 뒤 자동차를 빌려 보니파시오 해협 근처의 근사한 호텔로 갔다. 두 사람은 호텔 수영장에서 수영을 하고 레스토랑에서 식사를 했다. 분명 좋아질 거라고 장담하던 스반테의 이론이 다시 한 번 통하다니! 새로운 환경은 분명 베아타에게 도움이 되었다. 베아타는 짜증 한 번 내지 않고 몇 시간 동안이나 내내 기분이 좋았다. 그러나 다시 몇 시간 후 베아타는 공황 상태에 빠지더니 집에 가고 싶다며 고래고래 소리를 질렀다. 호텔이 너무 시끄럽고 도마뱀도 나오는데다가 너무 더워서 잠을 잘 수가 없다는 게 이유였다.

"집에 갈래요. 지금 당장!"

베아타가 흐느꼈다.

"지금은 집에 갈 수 없단다. 비행기는 일주일이 지나야 탈 수 있는걸."

현실은 베아타에게 너무 가혹했다. 베아타는 공황 발작을 일으키고 밤새 울음을 그치지 않았다. 아침 식사 시간이 되어도 조금도 나아지지 않았다. 스반테가 겨우 달래서 호텔 수영장에 데려갔지만 베아타는 잠시 후 집에 가고 싶다면서 울음을 터뜨렸다. 극도로 불안해하고 상태가 좋지 않았다.

스반테는 어쩔 수 없이 짐을 싸서 체크아웃을 하고 호텔을 나왔다. 두 사람을 태우고 공항으로 가는 차 안에서는 내내 리틀 믹스의 노래가 최대 음량으로 흘러나왔다. 스반테와 베아타는 아슬아슬하게 로마행 오후 비행기를 탔고, 나는 다음 날 아침 로마를 출발해 스톡홀름으로 오는 스칸디나비아 항공편 티켓 두 장을 예매했다.

스반테는 운 좋게 베네치아 광장 근처의 좋은 호텔에 방을 구했고, 두 사람은 옥상 테라스에 서서 성 베드로 대성당 너머로 해 지는 모습을 바라보았다. 일몰의 아름다움이 고스란히 드러나는 풍경이었다. 페이스북에 올리면 수많은 '좋아요'가 달리고 친구들이 "마음껏 즐겨!"라고 댓글을 다는 그런 풍경이었다. 스반테는 자신의 평소 지론인 '골치 아픈 문제는 나중에 생각하기' 일부만 로마에 남겨두고 집을 향해, 모래가 반짝이는 아를란다 해변을 향해 날아왔다. 베아타는 기분이 좋아졌다.

2016년 하지제(중하절로 부르기도 하며 하지일을 맞아 특히 북유럽에서 열리는 축제. 스웨덴과 핀란드에서는 이 날이 공휴일임.) 저녁, 우리 넷은 목줄을 채운 모세스와 함께 아를란다 기차역에서부터 집까지 걸어갔다. 그레타와 베아타는 집으로 오는 길에 쿵스홀름 해변에 핀 꽃을 꺾어 꽃다발을 하나씩 만들었다. 여름꽃 일곱 송이로 만든 꽃다발이었다. 아이들은 잠자기 전에 그 꽃다발을 베개 밑에 넣을 참이었다. 그러면 미래에 사랑할 사람을 꿈속에서 볼 수 있다고 믿고 있었다.

"아빠랑 베아타는 이산화탄소를 2.7톤이나 발생시켰어요."

그레타가 스반테에게 비난조로 말했다.

"세네갈에 사는 사람 다섯 명이 1년간 배출하는 양이죠."

"무슨 말을 하려는지 알겠다. 이제부터는 지상에만 머물러 있도록 노력하마."

스반테가 고개를 끄덕이며 대꾸했다.

2016년 여름의 발라드

힘든 여름이 될 것 같았다. 두 아이 모두 여행을 갈 수 없기 때문이었다. 그레타는 어차피 집을 떠날 수 없었고, 베아타는 여행을 한 번 다녀온 뒤로는 갈 생각이 없었다. 우리는 여행 가면 할 수 있는 온갖 근사한 일들을 미끼로 베아타를 설득했다. 하지만 베아타는 무언가를 제안 받을 때마다 "바보 같은 소리 듣기 싫어요!"라고 쏘아붙일 뿐이었다. 게다가 그레타는 딱 한 가지 방식으로만, 그것도 우리 집 주방에서 조리한 특정 음식만 먹을 수 있었다. 다른 사람들이 있는 장소에서는 아무것도 먹지 못했다. 체중이 조금 늘면서 안정을 찾았다고 해도 단 한 끼도 걸러서는 안 되는 상태였다. 이런 이유들로 우리는 집에 머무를 수밖에 없었다.

베아타는 외부에서 전해지는 그 어떤 자극도 견디지 못했다. 우리를 견딜 수도, 우리가 내는 소리를 견딜 수도 없었다. 그 모든 게 베아타에게는 너무 시끄럽게 느껴졌다. 베아타의 머릿속에는 온갖 생각들이 뒤엉켜 있었는데, 그것들은 너무 많고 또 너무 빨리 움직였다. 심지어 베아타에게는 모세스마저 참을 수 없는 대상이 되어 버렸다. 눈치 빠른 모세스는 피아노 아래로 기어들어가 엎드려 있었다. 우리는 조용히 해야만 했다.

베아타는 게임을 하나 생각해 냈는데 게임이 너무 복잡한 나머지 자기 힘으로 통제하지 못하면 강박 상태가 되었다. 본인 생각대로 게임이 굴러가지 않자 베아타는 화부터 냈다. 자신이 느끼는 좌절감을 쏟아낼 상대가 우리뿐이었다. 하지만 그러고도 풀리지 않아서 베아타의 좌절감은 더욱 심해졌다. 마침내 베아타는 소리 나는 모든 것에 강박 증상을 보였다. 일종의 자기방어 메커니즘이었다. 아주 작은 소리에도 폭발하곤 해서 우리 세 사람은 공원에 가기도 하고, 식사를 마치면 잠깐 소풍을 나갔다가 다음 식사 시간에 맞춰 집으로 들어갔다. 우리는 식물원과 생태 공원을 방문하기도 하고 멜라렌 호수에 발을 담그기도 했다. 베아타는 밤낮이 바뀌어 오후 다섯 시가 되면 잠들었다가 새벽 세 시에 일어났다.

그렇게 일주일이 흘렀다. 스반테와 그레타 그리고 나는 소리를 내지 않으려고 손님방에서 플라스틱 접시에 음식을 담아 식사를 했다. 모든 게 그런 식이었다. 결코 좋은 상황은 아니었지만 그래도 웬만큼 굴러갔다. 가까스로 하루하루 넘길 때마다 개학날은 그만큼씩 가까워졌다. 방학 내내 침대를 떠나지 않는 아이들을 지켜봐야만 하는 시간이 서서히 끝나 가고 있었다.

그러던 어느 날 아침 일곱 시, 우리는 온 집 안을 울리는 큰 소리에 소스라치게 놀라 잠에서 깼다. 옆집 사람들이 휴가를 떠나면서 욕실 개조 공사를 맡겨 놓고 간 모양이었다. 수레 가득 시멘트가 실려 오고 귀청이 터질 듯 요란한 소리가 끊이지 않았다. 도저히 버틸 수가 없었다. 베아타는 집 밖으로 나갈 수도 없는데 공사는 2주일이나 걸린다고 했다.

우리가 겨우 지탱하고 있던 연약한 일상이 순식간에 무너지고 말았다. 우리는 사정을 하거나 애원했다. 저주를 퍼붓기도 하고 욕설을 내뱉기도 했다. 관리인이 우리를 도우려고 애썼지만 방법이 없었다. 누구나 자기 욕실을 개조할 권리가 있지 않은가. 가뜩이나 견디기 힘든 상황은 이제 훨씬 더 견디기 힘들어졌고, 우리는 번갈아 가며 참을성을 잃었다. 스반테와 나는 아이들에게 종종 행동의 한계를 정해 주고 엄하게 다스리려고 애썼지만 오히려 역효과였다. 그런 혼란의 한가운데서 우리는 BUP 병원으로부터 진료 날짜를 연락받았다. 그리고 나는 BUP 병원 대기실에서 과호흡증후군(과도한 호흡으로 인해 이산화탄소가 과도하게 배출되어 동맥혈의 이산화탄소 농도가 정상 범위 아래로 떨어지고 그 결과로 호흡곤란, 어지럼증, 저리고 마비되는 느낌, 실신 등의 증상이 나타나는 상태)으로 쓰러졌다. 사람들은 당연히 우리를 도우려 했지만 휴가 기간이라 여의치 않았다. 우리가 팔과 얼굴에 할퀸 자국이 잔뜩 난 채 싹스캬 아동병원 응급실을 찾아갔을 때 문이 닫혀 있는 경우도 있었다. 며칠 동안 아동병원 응급실과 BUP 병원을 오간 끝에 겨우 베아타가 저녁에 좀 더 수월하게 잠들 수 있게 해 줄 약을 처방받았다. 그러나 우리 가족은 이미 버틸 수 있는 한계를 넘어섰다.

나는 스톡홀름 시립극장에 더 이상 공연하기 어렵겠다고 통보했다. 그리고 항우울제와 진정제를 복용하면서 여름방학과 욕실 공사가 끝나기만을 기다렸다. 우리는 소리를 지르고 서로를 할퀴기도 했다. 문에 구멍이 나기도 하고 벽이 부서지기도 했다. 우리는 서로 뒤엉켜 몸부림을 치기도 하고 울기도 하면서 제발 도와 달라고 호소하기도 하고 그냥 버티기도 했다. 그러다가 서서히, 아주 서서히 우리가 처한 상황을 이해하게 되었고 그런 이해와 더불어 치유를 향한 베아타의 여행이 시작되었다.

행간에 숨은 이야기

왜 자신의 일상은 다른 사람들의 일상처럼 순조롭지 않은지 의문을 갖는 사람들이 늘어나고 있다. 자신이 가진 어떤 장애를 특정 용어로 표현해 줄 수단이 필요한 사람도 점점 더 많아지고 있다. 그 수단은 바로 진단명 혹은 병명이다. 그런 점에서 병명은 유익하다. 삶을 구하기 때문이다. 물론 병명이 나왔다고 해도 곧바로 치료 방법이 분명하게 나오는 것도 아니고, 또 오진으로 인해 나아지기는커녕 더 나빠지는 일도 부지기수다. 하지만 병명을 알게 된 것만으로도 일단 도움이 되는 것은 사실이다.

자폐증과 ADHS 그리고 다른 신경정신과적 질병들은 핸디캡이 아니다. 오히려 천재적인 능력, 특히 나 같은 예술가들이 부러워할 만큼 굉장한 능력이 발휘되는 경우가 많다. 하지만 그런 진단을 받았다는 사실에 따르는 반응은 핸디캡이라고 부를 만하다. 무지나 잘못된 치료 방법, 차별에서 비롯되거나 또는 사회적인 요구에 제대로 적응하지 못해서 생기는 핸디캡들이다. 이런 핸디캡으로 인해 발생하는 짐은 여러 명이 나누어 질 수 있고, 특히 가족과는 어려운 문제를 함께 해결하면서 부담을 덜 수 있으므로 도움이 된다. 적절한 시기에 적절한 지원을 받고 또 잘 적응하기만 하면 시간이 지나면서 상태가 훨씬 호전된다. 하지만 아무런 도움을 받지 못하는 경우 문제는 급속히 커지고, 가족 전체가 서로 의존하거나 다 함께 장애와 다름없는 상태에 빠지게 된다. 우리는 그런 가족들을 숱하게 봐 왔다.

바로 그것이 지금 이 순간 수만 명에 이르는 스웨덴의 가족들, 사회에서 소외된 채 살아가고 있는 대다수 가족이 처한 현실이다. 하지만 어느 누구도 그들의 상황을 모르는 듯하다. 왜냐하면 경제적인 목표를 설정할 때 사회에서 소외된 사람들은 고려하지 않기 때문이다. 그들의 이익을 대변하기 위해 활동하는 로비 단체는 어디에도 없다. 신경정신과적인 질환을 앓고 있는 아이들과 그 가족은 눈에 보이지 않는 존재나 다름없다. 그들 가운데 일부러 나서서 자신들의 처지를 알릴 기운이 남아 있는 사람은 거의 없다. 핸디캡을 안고 살아가는 것은 너무나 기운이 소모되는 일이기 때문이다.

사실 나 역시 이 문제에 대해 무언가를 쓰기에는 역부족이다. 차마 밝힐 수 없는 이야기가 행간에 숨어 있기 때문이다. 털어놓기에는 너무나 힘에 부치고 또 그럴 기회마저 없는 그런 이야기다. 왜냐하면 이미 그런 일을 경험한 사람은 과거로 돌아가

다시 떠올리는 것을 결코 원하지 않기 때문이다. 과거의 아픈 기억을 떠올리는 일은 너무나 힘이 든다. 그리고 기억이 너무나 흐릿하다.

이 이야기는 연관된 모든 사람을 수치스럽게 만드는 이야기다. 그런 이유로 아무리 힘이 들어도 나는 이 이야기를 꼭 해야만 한다. 사람들이 내 말에 귀 기울일 만한 위치에 있는 사람으로서, 그것이 나의 의무라고 생각한다. 그러려면 교사나 다른 학부모들과 매일 통화한 내용에 대해 말해야 하고, 기술 수업을 맡은 교사와 대체 수학 교사 그리고 같은 반 여학생의 아버지에게 걸었던 전화에 관해서도 말해야 한다. 매일 밤 그레타와 베아타가 진정하고 잠든 후 여러 교육학자에게 보낸 수천 통의 이메일에 대해서도 이야기해야 한다. 다수를 위한 최선이 개개인에게는 최악일 수도 있음을 상기시켜야만 한다는 강박감에 대한 이야기도 해야 한다. 체육 시간에 조를 바꿔 달라고 요청한 일도, 숙제를 할 수 없어서 물어봐야만 했던 일도, 소풍을 가려다가 취소한 일도 빠뜨릴 수 없다. 약은 거의 떨어져 가는데 약국에 처방전이 도착하지 않은 일도, 아무리 기다려도 나타나지 않던 그 모든 담당자들에 관해서도 이야기해야 한다. 불면의 고통으로 지새운 수많은 밤, 한 번의 통화를 위해 길고 긴 시간 기다려야 했던 BUP 병원의 전화 그리고 우리에게 전달되지 않은 학교 안내문에 대해서도 말해야 한다. 불평을 터뜨리는 이웃과 벽에 난 구멍, 우리에게 실망해서 연락을 끊은 친구들에 관해서도 이야기해야 한다. 모든 핸드폰과 컴퓨터 그리고 인스타그램 계정을 저주할 수밖에 없게 된 사연도 말해야 한다.

내가 복용했던 모든 항우울제와 진정제 이야기도 빼놓을 수 없다. 내가 내는 소음이 너무 시끄럽다고 하는 베아타 때문에 내 집에서 잠들 수 없었던 날들에 대해서도, 우리 집 지하실에서 연습해야만 했던 콘서트 곡과 가곡들, 그리고 스냅챗(미국의 메신저 서비스로 수신인이 내용을 확인하면 사라짐.)에 무언가를 써놨던 친구들에 대해서도 말해야 한다.

완전히 탈진해 버린 날들, 정말 아무것도 하고 싶지 않았던 날들에 관해서도 얘기해야 한다. 온통 절망뿐인 어둠에 갇혀 있던 날들에 관해서도 얘기해야 한다. 지난 5년간 온 가족이 함께 식사하지 못한 날들과 한 공간에 있는 것조차 참지 못한 날들 하루하루를 다 털어놔야 한다.

단지 입구에 붙어 있던 북유럽 저항운동(스웨덴에서 창립된 네오나치 단체로 유대인과 이민자 그리고 성소수자를 배척함.) 스티커와 우리 집 사진들이 인터넷에 올라온 일, 아이들의 행동을 제지하려다가 아동 병원 신경정신과 응급실로 달려가게 된 일, 병원 대기실에서 다시 집으로 돌아와야만 했던 일들에 대해서도 말해야 한다. 학교에 가는 것을 더는 견디지 못하고 집에 있는 아이들에 관해서도 이야기해야 한다. 네 명 가운데 한 명꼴로 낙오자가 생기는 학교 시스템에 대해서도 얘기해야 한다. 일반 학교에 적응하지 못하는 학생들을 위해 세워진 학교가 굉장한 수익을 거두면서도 정작 교사 고용에는 '실패'하고 있기 때문이다. 세상에서 가장 돈벌이가 잘되는 실패 사례인 셈이다.

자폐증이 있는 아이들 가운데 82퍼센트가 놀림과 괴롭힘을 무릅쓰고 일반 학교에 다녀야만 하는 현실에 대해서도 이야기해야 한다. 문제가 생길 때마다 끝없이 이어지는 학교 측과의 회의, 그로 인해 완전히 지쳐 버린 교사와 학부모들에 대해서도 이야기해야 한다. 그리고 무엇보다 우리에 비해 훨씬 더 나쁜 상황에 놓인 사람들에 대해서도 이야기해야 한다. 자폐증과 우울증의 연관성, 스스로 목숨을 끊을 수밖에 없는 아이들에 대해서도 말해야 한다. 최악의 상황을 보여 주는 통계와 식욕부진에 시달리는 여학생들에 대해서도 이야기해야 한다. 관용을 베푸는 사람이 갈수록 적어지는 사회에 살고 있는 아이들의 어린 시절이 영영 사라져 버리는 슬픈 현실에 대해서도 말해야 한다. 우리는 온 힘을 다해 이 사회에 적응하려고 애를 쓰지만, 꼭 신경정신과 질병을 앓지 않더라도 주변에 병든 것들이 얼마나 많은가! 한 가지는 분명하다. 망가지는 일이 때로는 우리가 할 수 있는 가장 건강한 행위일 수도 있다는 사실이다. 다만 장기적으로 볼 때 큰 도움이 되지는 않겠지만.

그렇기 때문에 결단코 우리는 포기하지 않을 것이다. 무슨 일이 있어도 결코 포기하지 않는다. 할 수 있는 모든 것을 시도할 것이다. 또한 우리는 서로를 치유할 수 있다. 아마도 영영 완

전히 회복될 수는 없겠지만 점점 좋아질 수는 있다. 우리의 힘
은 바로 그 가능성 안에 있으며 우리의 희망도 거기에 있다.

모든 순간 중
가장 좋은 순간

끔찍했던 주말을 보내고 겨우 회복한 화요일이었다. 그 전주 금요일에 새로 온 선생님이 베아타에게 무척 피곤해 보인다며 대체 몇 시에 자냐고 물었다.

"자정 무렵에요."

베아타의 대답을 들은 선생님은 노발대발해서 학교생활을 제대로 하려면 언제 자야 하는지, 충분한 수면 시간은 몇 시 인지 일장 연설을 했다. 물론 선생님은 좋은 의도에서 한 이야 기였으나 베아타는 그 때문에 극심한 스트레스를 받아 주말 내 내 잠을 못 잤다. 그렇게 주말을 보내고 나니 우리 가족의 상태 는 또다시 완전히 엉망이 되었다.

하지만 화요일이 되자 꽤 좋아졌기에 나는 베아타를 댄스 학 원으로 데려다주기 위해 집을 나섰다. 제 시간에 댄스 학원에 도착하는 일은 무척 중요해서 어쩌다가 지각할지도 모른다는 생각이 들면 베아타는 종종 공황 상태에 빠져 아예 출발도 하 지 않으려 했다. 그래서 우리는 일찌감치 집을 나섰다.

학원으로 가는 길에 베아타가 절대로 밟아서는 안 되는 보도블록이 있었다. 베아타는 항상 왼발부터 디뎌야 하는데 깜빡하고 오른발부터 디딘 날은 왔던 길을 되돌아가 처음부터 다시 시작해야만 했다. 베아타는 내게 똑같은 방식으로 걷기를 요구했는데 내 다리가 훨씬 길어 그렇게 하려면 여간 힘들지 않았다. 아마 그 시간에 반복적으로 한자리를 오가는 우리 모습을 본 사람은 무척 이상하게 여겼을 것이다.

우리 집에서 댄스 학원까지는 고작해야 1킬로미터였다. 그런데도 우리는 거의 한 시간이나 걸려서 학원에 도착했다. 베아타는 나와 함께일 때만 이런 강박적인 행동을 보였다. 나는 베아타의 행동을 충분히 이해할 수 있었다. 나도 어렸을 때 강박 증세가 있었는데, 특히 엄마 앞에서 틱 증상이 훨씬 더 심해졌다.

마침내 학원에 도착해서 보니 그날은 평소와 다른 선생님이 댄스 교습을 진행한다고 했다. 상황이 별로 좋지 않았다. 그렇게 되면 이제까지와는 다른 방식으로 교습이 진행될 텐데, 베아타는 변화를 싫어했기 때문이다. 나는 교실 밖에 앉아 수업이 끝날 때까지 기다렸다. 매주 화요일마다 나는 그렇게 두 시간씩 교실 앞 복도에서 기다려야 한다. 앉은 자리에서 꼼짝도 않고 심지어는 화장실도 가지 못했다. 그렇게 하지 않으면 베아타가 불안감을 느꼈기 때문이다. 베아타는 수업 내내 문틈으로 내 모습이 보여야만 안심을 했다.

낮은 음의 곡조가 어찌나 크게 울려 퍼지는지 벽과 바닥에서 진동이 느껴졌다. 불안감에 배 속이 조이는 느낌이었다. 평상시에는 음악 소리가 그렇게 크지 않았다. 나는 휴대폰으로 이메일 답장을 여러 개 보내고 다른 일들 몇 가지를 처리한 다음 살그머니 교실 안으로 들어가 보았다. 고막을 울리는 음악 소리에 맞춰 여자아이 여덟 명이 스트리트 댄스(전통 무용이나 순수 무용이 아닌, 대중문화에 기반을 두고 길거리나 클럽 등에서 형성된 춤)를 추고 있었다. 교사는 아이들 앞에서 큰 소리로 지시를 내리고 있었다.

그런데 아홉 번째 아이는 춤을 추고 있지 않았다. 교실 한가운데 서서 귀를 틀어막은 채 신경질적으로 흐느끼고 있었다. 나는 베아타에게 달려갔다. 그리고 음악 소리를 줄여 달라고 부탁했다. 여태 그런 부탁을 아마 만팔천 번쯤은 했을 것이다. 나는 댄스 교사에게 울고 있는 베아타가 보이지 않느냐고 항의했다. 교사는 자기가 그걸 왜 신경 써야 하냐고 대꾸했다. 나는 베아타의 손을 잡고 교실 밖으로 나와 버렸다. 그 순간 실패한 그룹 활동의 긴 목록에 스트리스 댄스가 추가되었다.

집으로 출발하기 전 베아타는 자기를 껴안아도 된다고 허락했다. 한참 동안, 베아타는 내 품에서 목 놓아 울었다. 마음이 찢어질 듯 아팠다. 하지만 '우리 딸에게도 엄마가 필요하구나.'라는 생각은 어쩐지 내게 약간의 위로가 되었다. 내 사랑하는 딸이 자기를 껴안아도 된다고 허락한 것은 정말 아주 오랜만이었다. 긴 시간의 망명 생활을 끝내고 고향에 돌아온 기분이었다.

모든 순간 가운데 가장 좋은 순간이었다.

담담하게 반응하기

베아타는 그해 가을에 여러 가지 신경정신과 검사를 받았다. 스반테와 나는 BUP 병원의 마지막 면담에 참석했다. 면담이 끝나고 나면 베아타와 교사들이 동석한 가운데 검사 결과에 대한 종합적인 평가가 내려질 예정이었다.

스반테가 말을 꺼냈다.

"저는 아직도 베아타가 학교에서 예방접종을 받던 때를 기억합니다. 베아타는 몇 주 동안이나 겁에 질려 있었고 주사만 떠올리면 심하게 울었지요. 예방접종 하던 날 제가 베아타를 따라 양호실로 갔습니다. 그런데 베아타는 막상 주사실에 들어가서는 얼굴 한 번 찡그리지 않았어요. 겉옷을 벗은 후 팔을 내밀고는 눈썹 하나 까딱하지 않은 채 주사를 맞더군요. 표정이 꼭 지루한 TV 영화를 볼 때 같았습니다. 베아타는 주삿바늘 자국 위에 밴드를 붙이고 겉옷을 입더니 교실로 돌아갔습니다. 주사 맞는 일이 마치 세상에서 가장 대수롭지 않은 일인 것처럼 아무렇지도 않은 얼굴이었어요. 그런데 학교 끝나고 집에 돌아오자마자 쓰러지고 말았답니다."

스반테는 이 이야기를 하는 동안 마음이 편치 않은지 몇 번이나 더듬거렸다. 면담에 참석한 사람들은 베아타의 증상이 몇 가지 증후군과 부분적으로 일치하긴 하지만 분명하게 하나의 병명으로 진단하긴 어렵다고 말했다. 하나의 병명에 해당되는 모든 기준을 만족시키지 않았기 때문이다.

"베아타는 90퍼센트 정도의 ADHS, 60퍼센트 정도의 자폐증, 50퍼센트 정도의 적대적 반항 장애 그리고 70퍼센트 정도의 OCD(강박 장애)를 가진 것으로 나타났습니다. 전체적으로 보자면 신경정신과적 장애를 100퍼센트 이상 앓고 있습니다만 정확한 병명을 밝히지는 못했습니다."

그 자리에 있던 심리학자가 이렇게 설명했다. 그녀가 설명하는 동안 나는 스반테가 공공장소에서 눈물을 흘리는 모습을 15년 만에 처음으로 목격했다. 평소에 워낙 잘 울지 않는 사람이었는데 그때는 눈물을 멈추지 못했다.

"제발 저희 아이를 도와주십시오."

스반테가 몇 번씩이나 흐느꼈다.

베아타는 결국 아스퍼거 증후군과 OCD 그리고 적대적 반항 장애 성향을 가진 ADHS 아동이라는 진단을 받았다. 베아타의 병명이 밝혀졌기 때문에 우리는 학교에서 실시하는 적응 훈련을 통해 베아타가 편안한 마음으로 학교생활을 잘할 수 있도록 했다. 베아타의 병명을 몰랐다면 같은 반 아이들의 부모나 교사들 그리고 다른 사람들에게 베아타의 행동을 설명하고 양해를 구하기는 힘들었을 것이다. 또한 나는 일을 계속할 수 없었을 테고, 무엇보다도 이 책을 절대로 쓰지 못했을 것이다. 현실은 이토록 극단적이다. 공식적으로 베아타의 병명이 밝혀지기 전과 밝혀진 후는 천지 차이였다. 어쨌든 베아타의 병명이 밝혀졌고, 이것으로 베아타의 행동을 설명할 수 있게 되어 베아타에게는 치유와 새로운 시작을 의미했다.

베아타는 인적, 물적 자원이 풍부하고 유능한 교사들이 근무하는 좋은 학교에 다닌다. 일반 학생뿐 아니라 장애가 있는 학생들도 잘 적응할 수 있도록 개별적으로 신경을 써 주는 학교다. 하지만 학교의 그런 운영 방침과는 별개로 정말 중요한 것은 예나 지금이나 교사 개개인의 자발적이고 적극적인 참여다. 베아타는 훌륭한 선생님들을 만난 덕택에 별 문제 없이 학교생활을 하고 있다. 숙제를 하지 않아도 되고, 그룹 활동 가운데 마음에 드는 것을 고를 수 있다. 우리는 베아타에게 스트레스를 줄 수 있는 것들은 무조건 피하라고 한다.

다행히 모든 게 순조롭게 흘러갔다. 베아타가 집에서 감정을 폭발시킬 때면 우리가 담담하게 반응하는 것이 상황을 완화시키는 최선의 방법이라는 사실을 배웠다. 어떤 상황에서든 베아타의 분노에 분노로 맞서다 보면 득보다 실이 많았다. 우리는 우리가 처한 현실에 적응하고 있다. 그리고 시간 단위로 할 일을 정확하게 짜 놓는다. 일상을 이루는 모든 것들이 규칙적으로 반복되도록 애쓴 결과 어느 정도 평화로운 생활이 유지되지만, 예기치 못한 사태가 발생하면 모든 게 다시 엉망이 되고 만다. 그럴 때면 곧바로 처음부터 다시 시작한다. 우리 삶을 둘로 나누어 각자 한 아이를 맡아 따로 사는 것이다.

어느 가정에나 영웅이 한 명 있기 마련인데 우리 집 영웅은 베아타다. 그레타의 상태가 최악이었을 때 베아타는 한 걸음 뒤로 물러나 모든 일을 혼자서 해결해 냈다. 그래야만 했다. 베아타가 그러지 않았더라면 우리는 아무것도 할 수 없었을 것이다. 그레타를 위해 우리가 했던 모든 일이 불가능했을 것이다.

나는 엄마로서 베아타와 가장 가까운 사람이다. 게다가 베아타는 나를 굉장히 많이 닮았다. 나는 베아타를 이 세상에서 가장 잘 이해하는 사람이다. 베아타도 그 사실을 알지만 결코 인정하지는 않을 것이다.

나는 종종 실수를 하고, 때로는 베아타가 아니라 내가 어린 애처럼 굴기도 한다. 담담하게 반응하기로 한 결심을 매번 지키지는 못하지만 나는 베아타를 끊임없이 사랑할 것이다. 이 세상이 끝날 때까지 그리고 그 이후로도 계속.

더 유리한 입장 - 안타까운 가족들

우리 아이들이 결국 나아진 데는 여러 가지 요인이 복합적으로 작용했다. 부분적으로는 국민 보건제도와 효과가 검증된 치료방법, 유익한 조언과 효능이 뛰어난 약품 복용이 두 아이 모두에게 큰 도움이 되었다. 하지만 그레타와 베아타가 정상적인 생활로 복귀할 수 있었던 데는 무엇보다도 우리 자신과의 싸움, 인내와 시간, 행운이 함께한 팀워크 덕분이었다. 그리고 몇몇 사람들이 원칙에는 어긋나지만 옳다고 생각하는 일을 용기 있게 감행해 준 덕분이었다.

하지만 안타깝게도 다른 가족들은 우리처럼 운이 좋거나 허용되지 않은 일을 누군가 소신 있게 해 주기를 기대하기가 어렵다. 대부분의 부모는 소셜 미디어의 팔로워 숫자가 25만 명이나 되지 않는다. 대부분의 부모는 하루 병가를 내지 않고서는 종일 집에 있을 수가 없다. 대부분의 부모는 아이의 치료에 꼭 필요한 사회적 지위에 있지도 않다.

2

고갈된 지구 위의
고갈된 사람들

나는 더 이상 할 수 없다.

아니, 나는 충분히 할 수 있다,

하지만 당신들은 원칙을 알겠지.

—

니나 헤밍손

(스웨덴의 풍자 화가)

진실을 부인하는
행위

스톡홀름. 플레밍가탄에 있는 어느 한 통풍구에서 섬유 유연제 냄새가 흘러나왔다. 1월이었다. 크리스마스트리들이 여전히 무덤을 장식하고 있었다. 나는 쉴 새 없이 내리는 차가운 비를 맞으며 한겨울 비에 젖은 거리를 걸었다. 성탄절과 새해 무렵의 도시는 거의 텅 비어 있었다. 스톡홀름 사람들은 전부 어디론가 여행을 떠난 상태다. 로스앤젤레스나 태국, 또는 플로리다나 시드니, 아니면 카나리아 제도나 이집트로.

우리 스웨덴 사람들은 사회참여 의식이 높다. 참여할 수 있는 사회적 활동에 최대한 적극적으로 동참한다. 사회적 약자와 난민 문제에 적극적으로 관여하며 부당한 사태에 저항한다. 하지만 생태계 문제에 대한 관심은 그다지 크지 않다. 그리고 그중에서도 가장 무책임하다고 비난받아야 할 사람은 나 같은 사람이다.

"엄마 같은 유명인들이 환경에 끼치는 악영향은 극우주의자 임미 오케손(스웨덴의 정치인으로 민족주의, 사회보수주의, 우익대중주의, 유럽회

의주의 정당인 스웨덴 민주당의 당수)이 다문화사회에 끼치는 악영향만
큼이나 심각해요."

그레타가 아침 식사 자리에서 그렇게 말했다.

다문화의 가치를 높이 인정하는 내게 그런 식으로 말하는
건 좀 심했다. 하지만 막상 그레타의 말을 부인하기는 어려웠다.
유독 유명 인사에게만 해당하는 말이 아니라 대부분의 사람에
게 들어맞는 말이었다. 결국 누구나 성공을 원하지 않는가! 넘
치는 풍족함과 호사스러움, 끊임없는 여행만큼 성공을 가장 잘
보여 주는 증표는 어디에도 없다.

"하지만 내가 병에 걸리거나 인기가 없으면 돈을 못 번다는
사실을 간과할 수는 없어. 사람들한테 영향력을 발휘할 수 있
고 좋은 본보기가 되는 위치에 있다고 해서 항상 도덕적으로
책임을 져야 하는 건 아니야."

나는 반박했다.

하지만 그레타의 생각은 달랐다. 그레타는 내 인스타그램 게
시물들을 쭉 살펴보더니 잔뜩 화난 목소리로 따졌다.

"기후 위기에 대해 관심이 있는 유명인이 단 한 명이라도 있
나요? 비행기로 전 세계를 누비는 사치를 기꺼이 포기할 만한
유명인이 단 한 명이라도 있냐고요?"

"대신에 다른 문제에 관심을 갖고 신경을 쓰고 있단다."

나는 딱히 할 말이 없어서 적당히 대답했다.

"좋아요. 어떤 문제에 신경을 쓰는데요? 아마도 기껏해야 핵

전쟁이 터지면 이 지구가 완전히 붕괴되어 버린다는 사실 정도 겠죠."

그레타의 말이 당연히 옳다. 우리가 기후를 망가뜨리면 결코 다시는 원래대로 회복되지 않을 것이다. 미래 세대가 아무리 원해도 모든 것을 원래 상태로 되돌리기는 불가능할 것이다. 우리 인간들이 올바른 일을 위해 힘쓰고 있지 않은 것은 분명하다. 아니, 더 정확하게 말하면, 비록 올바른 일을 위해 힘쓰고는 있지만 그 과정에서 우리의 생활방식이 정작 중요한 것을 어긴다면 우리의 싸움은 결국 실패로 끝날 것이다. 물론 모든 사람이 기후 운동가로 활동해야 하는 것은 아니지만 최소한 우리 환경과 지구를 파괴하는 일에 적극적으로 동참하지는 말아야 한다. 기후 위기를 불러일으킨 행위를 소셜 미디어에 우승 트로피처럼 자랑하는 일 따위는 하지 말아야 한다.

그런 문제 행동을 사실 나 자신도 적지 않게 했었다. 불과 3년 전쯤 나는 일본에서 찍은 멋진 셀카 몇 장을 인스타그램에 올린 적이 있었다. '도쿄에서의 아침 인사'라는 제목으로 사진을 올리자 '좋아요' 수만 개가 달렸다. 집으로 돌아오는 비행기 안에서 나는 얼음으로 덮인 북극해와 시베리아를 내려다보았다. 내가 탄 비행기는 단조로운 모터 소리와 함께 온실가스를 내뿜으면서 수십만 년 이상 잠들어 있는 툰드라의 영구동토대

(땅 속이 1년 내내 언 상태로 있는 지대. 북극지대 툰드라에는 혹한으로 인해 영구동토

층으로 불리는, 깊이 약 90~456m에 이르는 토양층이 형성되어 있음.)를 깨우는 데 일조하고 있었다.

어쩐지 마음이 아주 무거웠다. 예전 같으면 여행 전 설렘이나 비행 불안쯤으로 여겼겠지만 그게 아니었다. 마음을 짓누르는 무언가가 점점 형체를 분명하게 드러내기 시작했고 무엇인가 잘못되었다는 생각이 강하게 들었다.

나는 8만여 명 앞에서 노래를 불렀고 이 공연은 일본에서 TV로 방영되었다. 이번 여행은 분명한 목적이 있는 꼭 필요한 일이었다고 나는 스스로에게 변명했다. 마치 생물권과 생태계가 일본 방송과 관련이 있기라도 한 것처럼 애써 변명했다. 진실을 부인하는 행위에는 강력한 힘이 있다.

폭식의 경고

인간에게 무해한 깨끗한 대기는 유한한 자원이다. 지구상의 모든 생명체는 이 자연 자원을 호흡할 동등한 권리를 가지고 있다. 그런데 이산화탄소 배출량이 현재 수준을 유지하는 한 향후 18년 이내에 이 자연 자원은 모두 소진되어 버릴 것이다. 잘해야 18년이다. 권위 있는 학자들의 견해에 따르면 대기중 이산화탄소 농도가 0.035퍼센트를 넘지 않아야만 인간에게 완전히 무해한 대기라 할 수 있다. 현재 시점에서 우리를 둘러싼 대기 안에는 이산화탄소 농도가 0.041퍼센트나 된다. 그리고 10년에서 12년 사이에 0.044퍼센트로 증가할 것으로 예상된다. 물론 앞으로도 계속 증가할 것이다.

스톡홀름 아를란다 국제공항이 제공한 자료에 따르면 스톡홀름에서 도쿄까지 비행기로 왕복할 경우 이코노미 클래스 승객 1인당 이산화탄소 배출량이 5.14톤이라고 한다. 이 정도 배출량이면 스톡홀름과 도쿄를 왕복 비행하는 데 걸리는 약 스물다섯 시간 동안 한 사람이 다진 고기 200킬로그램을 섭취하는 것과 맞먹는다. (축산업은 방목장 확보를 위해 불태우는 열대우림, 사료작물 농업의 폐기물 연소, 고기 생산에 필요한 화석연료 사용 등을 통해 거대한 양의 이산화탄소를 방출하고 있다. 미국에서 발행된 〈Meat Eater's Guide〉 2011년 보고에 따르면 소고기 1킬로그램을 생산, 가공, 판매, 조리 및 폐기하는 전 과정에서 발생하는 이산화탄소 배출량은 26킬로그램이라고 함.)

고대 로마인의 폭식 습관이나 18세기 프랑스 귀족의 호사스러운 생활습관도 오늘날의 생활습관에 비하면 오히려 과하지 않을 정도다. 세계은행에서 조사한 바로는 인도 국민 1인당 평균 이산화탄소 배출량은 1년에 1.7톤이었다. 반면 방글라데시는 겨우 0.5톤에 불과하다. 이런 상황에서 생태계에 끼치는 우리 자신의 악영향을 고려하지 않고서는 조만간 연대와 형평성 문제를 더 이상 거론할 수 없을 것이다. 기후 정의를 실현하기 위한 노력이야말로 누구나 반드시 지켜야 할 원칙인데도 불구하고, 오늘날의 현실은 그 원칙마저 흐지부지 사라질 위험에 처해 있다.

공생하는 삶

    차라리 요리책을 쓰는 편이 더 나았을 것 같다. 과자 굽는 법이나 내가 좋아하는 작곡가에 관한 책을 썼더라도 좋았을 것이다. 아니면 오페라 가수로서의 삶을 돌이켜보는 진짜 자서전도 괜찮았을 텐데 싶다. 그랬더라면 번아웃 증후군(한 가지 일에 몰두하던 사람이 마치 에너지가 방전된 것처럼 갑자기 무기력해지는 증상) 경험이나 우울증 치료제와 수면제, 듣기만 해도 마음이 무거워지는 병명들은 말하지 않아도 됐을 것이다.

    요가 책처럼 근사한 내용이 담긴 책이었더라면 좋았을 것이다. 환경문제를 다루고 싶었다면 음식물 낭비라든지 플라스틱 봉투의 과다한 사용처럼 사람들의 마음을 지나치게 불편하게 하지 않을 만큼 가볍게 언급할 수도 있었을 것이다. 그레타가 고통받고 있는 섭식 장애나 우울증 같은 문제는 물론이고, 아이가 침대에서 나올 마음도 없고 나올 수도 없는 날이 많았다는 사실은 단 한 마디도 없는 긍정적인 내용의 책을 썼어야 했다.

    내가 어떤 일들을 겪었는지 밝히지 말았어야 했다. 지난 몇 년 동안 우리 가족에게 무슨 일이 있었는지 드러내지 말았어야 했다. 하지만 나는 그럴 수가 없었다. 우리 생활은 끔찍했고 내 생활 또한 끔찍했으며 스반테도 마찬가지였다. 우리 딸들의 생활도 끔찍했으며 지구가 처한 상황도 끔찍했으며 심지어는 우리 개도 끔찍하게 지냈다. 우리는 그런 생활에 대해서도 함께 써 나가야만 했다. 왜냐하면 우리가 왜 그렇게 지내게 되었는지 이해하게 되자 기분이 나아지기 시작했기 때문이다.

결국 이런 책을 쓸 수밖에 없었다. 우리는 운 좋게도 도움이 절실한 순간에 도움을 받은 사람들이기 때문이다. 우리가 그동안 겪었던 일들에서 회복되고 또 그 일들을 통해 좀 더 강해졌다는 생각이 든다. 우리 같은 일들을 겪은 사람들은 이제 자신들의 삶에 대해 털어놓아야 한다. 우리를 둘러싸고 있는 현실이 어떤지 말하기 시작해야 한다.

지금 우리는 역사상 최고로 풍요로운 시대에 살고 있다. 온 세상이 보유하고 있는 물질이 지금처럼 풍족했던 때는 없었다. 물론 빈부 격차가 지금처럼 심한 때도 없었다. 꽤 많은 사람들이 믿기지 않을 정도로 많이, 자신에게 필요한 것보다 훨씬 더 많은 양을 가지고 있는 반면 다른 많은 사람들은 아무것도 가진 게 없다. 그와 동시에 우리를 둘러싼 세상은 점점 더 나빠지고 있다. 바다 위의 빙하가 녹고 곤충들이 죽어 간다. 우거진 숲이 벌목으로 망가지고 대양과 생태계가 붕괴되고 있다.

우리 주변의 사람들도 마찬가지다. 일상이 무너져 내렸던 우리처럼 삶이 파괴되어 버린 사람들. 우리 친구들처럼 아직도 완전히 망가진 상태에 있는 사람들, 마약에 중독된 사람들, 사회에 적응하지 못하는 사람들, 좋은 의사를 만나 제대로 치료할 행운을 얻지 못한 사람들, 사회통계에조차 잡히지 않는 사람들, 그리고 지구와 일체화 된 삶을 실제로 살아가고 있는 모든 사람들, 자연과 조화를 이룬다는 의미에서 일체가 아니라 다른 의미에서 지구와 일체를 이루는 삶을 살아가는 사람들이 있다.

그들은 완전히 새로운 의미에서 지구와 하나가 된 삶을, 고갈된 지구 위에서 고갈된 삶을 영위하고 있다. 아무튼 이런 이야기를 해야 하는 이상 편안하게 요리책을 쓰고 있을 수는 없는 노릇 아닌가.

더 많이,
훨씬 더 많이

지구가 회전축을 중심으로 한 바퀴 돌아 만 하루를 완성시키는 데에는 23시간 56분 4.091초가 걸린다. 하루가 좀 더 빨리 지나가는 듯한 날이 자주 있지만 실제로 지구의 자전 속도는 항상 백만분의 1초까지 정확하게 늘 같다. 이렇게 지구만큼이나 빠른 속도로 돌면서, 점점 속도가 빨라지는 것도 있다. 예를 들어 우리의 삶이 그렇다.

내가 어렸을 때 사람들은 컴퓨터가 인간을 대신할 일은 절대로 없다고 믿었다. 사람들은 "체스 게임을 보라고! 컴퓨터는 인간을 이길 수가 없어."라고들 했다. 그런데 1990년, 미래학자 레이 커즈와일이 지구상의 데이터 용량이 매년 두 배로 늘고 있기 때문에 1998년이 되기 전에 컴퓨터가 체스 세계챔피언을 꺾을 것이라고 주장했다. 물론 그 주장은 순전히 논리적인 결론이었다.

그런데 실제로 1997년 5월 3일, 역사적으로 가장 유명한 체스 경기가 열렸고, IBM에서 만든 슈퍼컴퓨터 딥블루가 당시 세계챔피언 게리 카스파로프를 이겼다. 레이 커즈와일의 예상이 적중한 것이다. 현재 레이 커즈와일은 구글의 기술 이사로 일하고 있으며 여러 가지 획기적인 주장을 펼치고 있다. 그중 하나를 예로 들면 아프리카 시골에 사는, 스마트폰을 가진 아이가 20년 전 미국 대통령보다 더 많은 정보를 수집할 수 있다는 주장이다. 커즈와일에 따르면 컴퓨터가 조만간, 늦어도 2029년 이전에 인공지능을 갖게 되리라는 것도 수학적으로 자명하다. 이러한 주장은 우리 사회가 얼마나 빠른 속도로 변하고 있는지 짐작하게 해 준다.

놀라운 속도로 변하는 것은 사회만이 아니다. 우리 자신도 예전보다 더 많은 것을 경험하고, 더 많은 것을 느끼며, 더 많은 것을 생각한다. 오늘날 우리는 소셜 미디어에서 사회 전반에 걸친 현상들에 대해 아주 빠른 속도로 아주 많은 내용을 주고받는다. 그 속도와 양을 보면 1990년대 사회는 완전히 농경사회나 다름없다.

우리 삶에서 아무것도 정지하고 있어서는 안 된다. 어디서든 맨 끝까지, 최고치까지 도달해야 한다. 우리는 예전보다 더 많이 생산하고 더 많이 소비한다. 무엇을 하든지 우리는 예전보다 더 많이, 훨씬 더 많이 하고 있다.

폭탄을 안고 사는
사람들

"크게 생각하고 과감하게 행동하라." (미국 현 대통령 도널드 트럼프와 빌 쟁커 공저. 한국에서는 《억만장자 마인드》라는 제목으로 출간되었음.)

미국의 대통령 도널드 트럼프가 쓴 베스트셀러의 제목이다. 트럼프는 오늘날 우리 사회에 만연한 최악의 태도, 성공 지상주의의 화신이다. 그는 우리가 선택한 생활방식의 최고봉에 이른 사람이다. 물론 우리 또한 이미 오래전부터 그를 꼭 닮은 세상에 살고 있다. 수익을 창출하는 사람들의 세상, 모든 것이 확장일로에 있어야만 하는 세상 말이다.

지금 우리가 사는 세상은 점점 더 빠른 속도로 돌아가는 회전목마 같다. 빨리, 더 빨리 돈다고 하지만 대체 얼마나 빨라야 충분한 걸까? 언젠가는 한계점에 도달하지 않을까? 빠른 속도에 적응하지 못해 회전목마에서 떨어져 나가는 사람들을 더 이상 외면할 수 없는 시점에 이르지 않을까?

더 나은 삶에 대한 욕구, 최고 계층에 다가가고자 하는 욕망 덕분에 모든 것을 앞으로 밀고 나간 결과 우리 사회는 보다 나은 생활수준에 이르렀다. 그러나 사실은 우리 모두가 걸터앉아 있는 나뭇가지가 꺾이기 직전인 상태다. 물론 종종 두 눈을 질끈 감고 현실을 무시하고 싶은 유혹을 느낀다. 하지만 영원한 성장을 추구하는 사회에서 희생당하는 사람들을 언젠가는 더 이상 외면할 수 없게 될 것이다.

그 이유는 명확하다. 모든 성장 지표가 상승 곡선을 그리고 있음에도 불구하고 분명 많은 사람들의 처지는 점점 나빠지고 있기 때문이다. 고립과 고독은 국민들 사이에서 만성적인 질병이 되었고, 번아웃 증후군과 여타의 정신 질환은 이제 더 이상 째깍거리는 시한폭탄이 아니라 이미 터져 버린 폭탄이다.

병들어 가는
아이들

10세부터 17세까지 아동·청소년의 정신과 질환 발병률은 지난 10년 사이에 두 배로 늘었다. 국민보건과 사회복지를 담당하는 중앙관청에서 2017년 12월에 실시한 연구 조사에 따르면 어떤 형태로든 정신과적인 질환에 시달리고 있는 아동·청소년, 젊은이의 숫자는 거의 19만 명에 이른다. 여자아이들과 젊은 여성의 경우 상황이 특히 나빠서 그들 가운데 16퍼센트 정도가 청소년 정신과 시설을 거친 경험이 있다. 스웨덴에 사는 여자아이와 젊은 여성 여섯 명 가운데 한 명꼴로 정신과 환자인 셈이다.

ADHS와 자폐증 진단을 받은 경우도 지난 5년 사이에 두 배 이상으로 늘었다. 학교에 다니기를 아예 거부하는 아이들, 더는 학교에 다닐 수 없다고 생각하는 아이들의 숫자도 만 명 가까이나 된다. 실제로는 훨씬 더 많을 것이다. 왜냐하면 자신의 상태를 밝히지 않아 공식적인 통계에서 누락된 숫자가 엄청나기 때문이다. 만 명이라는 숫자가 현실을 반영하기에는 터무니없을 정도로 불완전하지만, 그 숫자만으로도 사태의 비극성을 충분히 짐작할 수 있다. 무엇보다 걱정스러운 것은, 이런 현상이 앞으로 감소하거나 완전히 사라질 조짐이 어디에서도 안 보인다는 점이다. 감소는커녕 오히려 증가하는 추세를 보이고 있다.

스커트를 입고,
복싱 글러브를 끼고

이 세상 어디에서도 남성과 여성은 평등하지 않다. 우리는 그 사실을 곳곳에서 끊임없이 확인할 수 있는데, 근육량이나 폐활량을 따질 때만 봐도 일반적으로 가장 힘센 여성은 가장 힘센 남성의 상대가 결코 될 수 없다. 그렇다고 해서 여성이 남성보다 약하다는 의미는 아니다. 강함을 어떻게 규정하느냐, 무엇에 가치를 두느냐의 문제다. 그럼에도 불구하고 우리가 전통적으로 성공과 행복감에 결부하는 특성이 남성적인 특징과 더 연관성이 크다는 사실은 부정하지 못할 것이다.

'더 높이, 더 크게, 더 빨리, 더 강하게. 그리고 더 많이.'

우리는 사회에서 남녀 간의 동등한 권리가 더 많이 실현되기를 바라기 때문에 여성에게도 남성적인 특성들을 갖추라고 요구한다. 하지만 여성들이 어떻게 남성들과 똑같은 형태의 특성을 가질 수 있겠는가.

여성은 남성들이 규칙을 세운 시합에서 남성과 겨뤄야 한다. 셔츠 소매를 어깨까지 걷어붙이고 이두박근을 자랑하는, 힘센 여성의 아이콘을 닮아야 한다. 스커트를 입더라도 손에는 결국 절대로 이길 수 없는 시합을 상징하는 복싱 글러브를 껴야 한다. 기대에 어긋나게 이기기라도 하면 아마도 여자답지 못하다는 비난을 받을 것이다. 너무 힘이 세다거나 지나치게 야심이 크다는 말을 들을 것이다. 어떤 행동을 하든지, 그 행동은 거의 언제나 잘못됐다는 지적을 받기 때문이다. 우리가 몸담고 있는 세상을 이끌어가는 구조들을 낱낱이 파헤치기 전까지는 아마도 그런 일들은 되풀이될 것이다. 그리고 이러한 사회구조는 점점 더 많은 사람들을 회전목마에서 추락시키는 한편 너무나 자주 사람들의 목숨을 위태로운 상황에 몰아넣을 것이다. 그래서 성공하거나 회전목마 위에서 버티려면 우리는 자신이 아닌 존재가 되어야만 한다.

스웨덴 사회보장국의 자료에 따르면 번아웃 증후군을 진단받은 사람의 숫자는 2010년 이후 6년 만에 두 배로 증가했다고 한다. 그리고 그중 80퍼센트 이상이 여성이라고 한다. 이 숫자들은 우리에게 분명한 사실을 알려주는데 그것은 아주 극적인 사실이다. 그런데도 이런 숫자들이 TV 논쟁이나 뉴스의 홍수 속에서 대수롭지 않게 다뤄진다는 사실은 의미심장하다. 이 문제에 관해서도 역시 다음 세대에게 누가 무엇이 중요하다고 생각하는지, 누가 무엇이 중요하지 않다고 여기는지를 보여 주는 증거가 아닌가!

페미니즘은 사실 아주 다양하게 해석될 수 있는 개념이다.

인류 문명의 지속 가능성과 관련하여 페미니즘을 언급하면 많은 사람들이 매우 의아해한다. 하지만 이 두 가지 생각을 결합해 다루고 있는 책들은 도서 분류가 잘된 도서관의 책장 하나를 다 채울 자격이 충분하다. 어쨌든 번아웃 증후군에 관한 통계는 경쟁사회의 단면을 핵심적으로 드러내는 자료이며, 그 증상에 시달리는 여성과 감수성이 예민한 사람들의 숫자는 짐작보다 훨씬 많다는 사실을 알아야 한다.

위기의 한가운데

앞에서도 말했듯이 우리는 지속 가능성 위기에 봉착해 있다. 또한 긴박한 기후 위기에 처해 있다. 이제는 이 현실을 인정하지 않는 사람이 거의 없다는 사실만으로도 어느 정도는 긍정적이긴 하지만 진정한 문제는 기후 위기가 존재한다는 사실을 인정한 그 순간부터 그 위기가 진정 무엇을 의미하는지 파악하는 데 이르기까지 너무도 긴 시간이, 상상도 할 수 없을 정도로 긴 시간이 걸린다는 점이다.

우리는 지금 그 과정 한가운데 서 있다. 모든 것이 예전과 다름없이 굴러갈 수도 있는 텅 빈 공간 한가운데 서 있다. 우리는 이 위기가 어떤 결과를 불러올지 알고 있다고 믿고 있다. 그리고 사람들은 다른 사람 모두가 이 위기의 심각성을 인지하고 있다고 전제한다.

그레타의 편지 - 말할 기회가 있는 모든 사람에게

제 이름은 그레타이고, 나이는 열다섯 살입니다. 제 동생 베아타는 올 가을에 열세 살이 됩니다. 이번 가을에는 국회의원 선거가 있습니다. 선거에서 쟁점이 되는 문제들은 우리가 맞이하게 될 미래의 삶에, 이전 세대와는 비교가 안 될 정도로 큰 영향을 미칠 것입니다. 그럼에도 불구하고 우리에게는 투표권이 없습니다.

우리가 백 살까지 산다면 우리는 22세기를 잠시 동안만 경험하게 될 것입니다. 저는 이 말이 아주 이상하게 들린다는 것을 알고 있습니다. 왜냐하면 현재 시점에서 미래라고 할 때 사실 사람들은 향후 몇 년간을 생각하기 때문입니다. 2050년 이후의 시간은 까마득해서 상상 속에서도 존재하지 않는 시간입니다. 하지만 2050년이 되어도 저와 제 동생 베아타는 우리 몫의 삶을 절반도 채 살지 못했을 겁니다. 제 할아버지는 93세이고, 증조할아버지는 99세까지 사셨다고 합니다. 그러니 우리 또한 오래 살 가능성이 매우 높습니다.

2078년에는 제가, 그리고 2080년에는 베아타가 75세 생일파티를 하겠지요. 우리에게 자녀와 손주들이 있다면 그들은 우리 생일파티에 참석할 겁니다. 그 자리에서 어쩌면 우리 둘 중 하나가 어린 시절 이야기를 할 수도 있습니다. 당신들에 대해서 이야기할지도 모릅니다. 우리 자녀와 손주들이 그 얘기를 들으면 아마도 정말 이상하다고 생각하겠지요. 사람들이 당신 말에 귀를 기울일 기회가 얼마든지 있었을 때 왜 아무런 말도 하지 않았는지 말이에요. 하지만 그런 일은 얼마든지 일어나지 않을 수도 있습니다. 우리 모두 위기 상황처럼 행동을 시작할 가능성이 있으니까요. 그리고 실제로 우리는 위기에 처해 있잖아요!

당신들은 항상 아이들이 우리의 미래라고 주장합니다. 그리고 아이들을 위해서는 무슨 일이든지 하겠노라고 말합니다. 그 말은 확신에 차 있습니다. 그 말처럼 생각도 그렇다면 우리에게도 제발 귀를 기울여 주세요. 우리는 당신들의 과장된 열성을 원하지 않습니다. 우리는 당신들의 선물을 원하지 않습니다. 당신들이 우리를 데리고 떠나는 패키지 투어도 원하지 않습니다. 당신들의 취미나 무한한 자유 또한 원하지 않습니다. 우리가 원하는 것은 오직 당신들 주위에서 긴박하게 진행되고 있는 지속 가능성 위기를 당신들이 진지하게 받아들이고 해결하기 위해 적극적으로 노력하는 일뿐입니다. 당신들이 이제는 우리가 처한 현실에 대하여 솔직하게 말하기를 원합니다.

호사의 덫

환경부에서 발표한 통계 자료를 보면 스웨덴 국민 1인당 이산화탄소 배출량은 국내와 해외를 합해 연간 11톤에 달한다고 한다. WWF(세계자연기금의 약칭으로 스위스에 국제 본부를 둔 세계 최대 규모의 국제 비정부 자연 보전 기구)의 지구 생명 보고서에는 생태 발자국(인류가 매일 소비하는 자원과 배출되는 폐기물을 처리하는 데 필요한 모든 비용을 토지 면적으로 환산한 수치. 생태 발자국 수치가 클수록 생태계 훼손이 많다는 것을 의미함.) 수치가 세계에서 가장 높은 10대 국가 중 하나가 스웨덴이며 지금 같은 소비 행태를 감당하려면 지구가 4.2개 필요하다고 나와 있다.

우리는 여전히 선택 가능성이 남아 있고 다양한 방식으로 온실가스 배출량을 줄일 수 있다고 생각한다. 비건 채식주의자(완전 채식주의자. 모든 육류와 해산물은 물론 동물의 알과 유제품, 꿀 등 동물에서 얻은 모든 식품 섭취를 거부함.)가 된 것으로 충분하니 비행기 여행 정도는 괜찮다고 믿는다. 또, 전기차를 샀으니 쇼핑과 육식은 계속해도 된다고 생각한다. 그러면서 지속 가능성 관점에서 볼 때 이미 더할 나위 없이 심각해진 이산화탄소 배출 문제도 언젠가는 해결할 수 있으리라 믿는다.

하지만 실제로는 1987년에 대기 중 이산화탄소 농도가 0.03퍼센트를 넘어섰을 때 이미 생태계를 파괴하지 않는 범위 내에서 우리가 배출할 수 있는 이산화탄소 허용량을 초과한 것이나 다름없다.

유기농 재배 과일과
핵폐기물

2017년 가을 스웨덴 총리는 정부 성명을 발표하는 자리에서 스웨덴이 탈화석연료 정책을 실현하는 최초의 복지국가가 될 것이라고 선언했다. 성명은 정말 근사하게 들렸다. 2년 전에도 거의 비슷한 내용의 정부 성명을 발표했을 때 참으로 근사했던 것처럼. 하지만 돌이켜보면 그 사이에 별로 달라진 것은 없었다. 스웨덴 자연보호 연합의 평가에 따르면 2018년 스웨덴의 환경 예산은 110억 크로나(스웨덴의 화폐단위. 1크로나가 우리 돈 126원 정도임. 110억 크로나는 우리 돈으로 1조 3500억 정도임.)에 달한다. 같은 시기 환경에 직접적으로 유해한 기업, 예를 들어 온실가스 배출량이 많은 기업에 지원되는 정부 보조금은 300억 크로나에 이른다. 대규모 화재를 진압하기 위해 소방차 한 대를 보내는 동시에 벤진을 가득 실은 유조차 세 대를 함께 보내는 격이다.

물론 '탈화석연료'는 의심할 여지없이 훌륭한 방법이다. 성장 친화적이면서 동시에 급진적이다. '지속 가능한' 방법 못지않게 기후변화에 대한 효과적인 대응책이 될 수도 있겠지만 요구 사항은 훨씬 적다. 왜냐하면 태양에너지부터 유기농 재배 과일과 삼림 채벌, 탄소 배출권(온실가스를 일정 기간 동안 배출할 수 있도록 국제연합이 국가별로 부여한 권리로서 각 국가는 부여받은 할당량을 초과했거나 절감한 양을 매매할 수 있음.) 거래와 핵폐기물에 이르는 모든 게 탈화석연료를 의미하기 때문이다. 우리가 탈화석연료 같은 방법을 선택한다면 결국 지속 가능한 사회로의 전환을 미룰 수 있고, 생태계 파괴에 대한 대가를 지급할 기한을 수년간 연장한다는 뜻이다. 그렇게 함으로써 우리 스웨덴이 환경 정책에 있어서 세계 최고라는 편리한 주장을 계속하겠다는 말이나 다름없다.

2톤과 0

조만간 우리는 1인당 허용 가능한 연간 탄소 배출량이 겨우 2톤에 불과하다는 말을 상당히 자주 들을지도 모른다. 또는 파리기후협정에서 체결된 조약을 이행하려면 스웨덴 국민의 탄소 배출량을 현재의 10퍼센트 수준까지 줄여야 한다는 말을 들을 수도 있다. 그런데 이런 목표치 달성은 우리 힘으로는 통제할 수 없는 여건들에 달려 있다. 아직 발명되지 않은 획기적인 방법들이 필요하며, 아직까지 존재하지도 않는 지속 가능한 농림업이 출현해야 한다. 또한 머지않아 80억이 될 전 세계 인구 가운데 개발도상국 국민들이, 지금 우리가 누리고 있는 생활방식 즉 우리가 당연한 권리로 여기는 생활방식을 누리지 않겠다고 해야만 가능하다.

"2톤이라는 숫자는 엉터립니다."라고 기후 전문가 케빈 앤더슨(맨체스터대학 기계공학 및 항공공학 학부 교수. 에너지와 기후변화 전공)이 말했다. 그는 영국 정부의 자문을 맡고 있으며 맨체스터대학의 교수이자 웁살라 대학의 초빙교수다. 그리고 한때 국제적으로 인정받는 '기후변화 연구를 위한 틴달 센터' 회장 대행으로 활동했다.

"2톤이 아니라 사실 0이라고 해야 합니다. '2톤은 기후변화에 관한 정부 간 패널'(영어 약자로 IPCC로 표기하며 '기후변화에 관한 정부 간 협의체'라고도 부름. 국제연합 환경 계획과 세계 기상 기구에 의해 1988년 설립된 조직. 기후변화의 영향과 대처 방안을 검토하며 2007년에 앨 고어와 함께 노벨 평화상을 수상했음.)에서 초창기에 불완전하게 산정된 탄소 배출량을 근거로 그걸 절반으로 줄여야 한다고 말한 데에서 나온 수치입니다. 현재 상황으로 볼 때 우리가 탄소 배출량을 0으로 만들어야 하는 게 엄연한 현실입니다."

0이라는 무시무시한 숫자는 실현이 불가능한 꿈처럼 여겨질 수 있다. 하지만 그렇다고 해서 모든 게 너무 늦었고 전혀 희망이 없다는 뜻은 아니다. 살아가는 습관부터 바꿔야 한다는 의미다. 지금 당장!

제4의 벽

우리가 처한 상황이 비현실적으로 느껴질 때 나는 가장 견디기 힘들다. 기후 위기와 지속 가능성 위기 문제의 심각성을 알고 있는 사람이라면 혹시 자신이 제정신인지 진지하게 고민되는 순간이 있다. '내가 미친 걸까?'라는 생각이 드는 순간 말이다. 그런 순간 우리는, 일상의 특징이나 정상적이라고 말하는 특징들이 종종 정상 상태로부터 상상하기 어려울 만큼 멀리 떨어져 있다는 사실을 깨닫는다. 이해할 수 없는 그런 순간 우리 주위의 모든 게 일종의 무대 세트처럼 돼 버리는 것이다.

수백만 인구가 들끓는 도시. 에어컨이 설치된 호텔 객실과 400개의 상점이 입점한 쇼핑센터. 폭설을 뚫고 도시를 가로지르는 쇠데를렛 터널(스톡홀름의 쇠데르말름 섬에 있는 두 다리를 연결하는 터널)에 도착하는 찰나 느껴지는 안도감. 전 세계 곳곳에서 들어온 물건들로 가득 찬 식료품점. 지구 반대편에서 스칸디나비아 항공사 승무원이 친절한 표정으로 믿음직하게 고개를 끄덕이며 스웨덴어로 인사를 건넬 때 맛보는 평안함. 이 모든 것은 우리

뿐만 아니라 우리와 일상을 함께하고 있는 사람들이 당연하게 받아들이고 있는 것들이다. 이것들이 순식간에 우리를 온갖 위험에서 벗어난 안전한 세계에 있다고 믿게끔 한다.

하지만 이제 이 모든 것은 무대배경처럼, 인류세(약 1만 년 전부터 현재까지의 지질시대를 일컫는 홀로세 가운데 인류가 지구 환경에 큰 영향을 미친 시점부터를 별개의 세로 분리한 비공식적인 지질시대 개념. 정확한 시점은 합의되지 않은 상태이나 대기의 변화를 기준으로 할 경우 산업혁명이 그 기준임.) 시대의 거대한 장식처럼 여겨진다. 축제는 지나가고, 연극은 끝났다. 창문 하나가 열리면서 이제 무대는 새로운 빛에 휩싸여 비현실적이었던 것도 현실이 된다. 커튼과 장막이 바람에 날리면서 소품들이 여기저기 나뒹군다. 분장이 지워지고 소리는 어느새 무대를 지나 객석 사이로 사라진다. 모든 게 뒤죽박죽되고 뒤집히고 만다.

문명을 항상 자연으로부터 분리시키고, 무엇보다 겉모습을 중시했던 우리 인간은 어느 순간 보이지 않는 경계선을 넘어 버렸다. 연극 공연 한가운데 서 있는 우리 인간은 한 사람씩 대사를 잊어버리고 동작을 멈춘다. 그런 우리를 둘러싼 채 연극은 미친 듯이 끝을 향해 간다. 공연은 끝났고, 이제는 우리가 태도를 바꿔야 할 때가 왔다. 제4의 벽(무대는 원래 하나의 방인데 한쪽 벽이 관객들을 위해 제거된 것이라는 의미에서 제 4의 벽은 '관객과 배우 사이에 있는 가상의 벽'을 의미함. 배우는 제4의 벽이 실제로 있는 것처럼 행동함.)을 치워야 할 때다. 꿈과 같은 비현실에서 깨어나 이제는 현실 세계를 제대로 바라보고 행동해야 한다.

외면을 내면보다 중요시하는 사회는 결코 지속 가능한 사회가 아니다. 기후 위기와 지속 가능성 위기 문제를 해결하기 위해서는 지난 수십, 수백 년 동안 우리가 무시하고 은폐해 온 현실을 정확하게 인식해야 한다. 그런 현실을 소리 내어 말하지 못하도록 우리 입에 재갈을 물린 오늘날의 문명을 포기해야 하는 것이다.

거짓말하는 기술

"오늘날과 같은 사태를 초래한 책임은 우리 모두에게 있습니다."

생방송으로 중계된 국회 연설에서 스웨덴 총리가 기후 문제를 언급하면서 이렇게 말했다.

"거짓말이에요."

TV 앞에 앉아 있던 그레타는 벌떡 일어서며 외쳤다.

"거짓말이라고요!"

"왜 거짓말이라는 거니?"

내가 물었다.

"기후 위기를 겪게 된 게 모든 사람의 탓이라고 하잖아요. 그건 사실이 아니에요. 저도 사람이긴 하지만 제가 기후 위기를 발생시키진 않았어요. 베아타도 그렇고요. 엄마나 아빠도 마찬가지죠."

"그래. 네 말이 맞구나."

"우리가 이제까지 해 왔던 대로 계속하도록 저런 말을 하는 거라고요. 모두가 잘못했다는 말은 결국 아무도 잘못하지 않았다는 말이나 다름없잖아요. 하지만 분명 누군가는 잘못이 있어요. 그러니까 저 말은 틀렸어요. 이산화탄소 배출량에 영향을 미치는 건 수백 개의 기업들이에요. 어떤 위험이 있는지 뻔히 알면서도 지구 전체를 망가뜨렸어요. 수십 조에 이르는 돈을 벌어들인 몇몇 재벌이 잘못했을 뿐이죠. 그러니 다른 사람들처럼 총리도 거짓말을 하는 거라고요."

그레타는 한숨을 내쉬더니 단호한 어조로 덧붙였다.

"모두가 잘못한 게 아니라 몇몇이 잘못한 거예요. 지구를 구하려면 그 몇몇 사람들과 그들의 기업 그리고 그들의 돈에 맞서 싸워야 해요. 그들이 잘못한 대가를 치르도록 해야 한다고요."

녹색 성장의 함정

지속 가능성 위기를 해결하기 위해서 기후나 환경문제를 거론하는 정치가와 전문가의 말을 들어 보면 하나같이 탄소 배출량을 줄여야 한다고 강조한다. 물론 탄소 배출량은 당연히 줄어들어야 한다. 파리기후협정에서 채택된 섭씨 2도라는 목표 (2015년 파리에서 개최된 제21차 유엔 기후협약 당사국 총회는 2100년을 기준으로 산업화 이전 대비 지구 기온의 상승폭을 섭씨 2도보다 훨씬 낮게 유지하는 것을 목표로 채택하였음.)를 달성하려면 탄소 배출량을 매년 10~15퍼센트 감축해야 한다.

문제는 배출량이 실제로 감소했던 것은 단 한 해뿐이라는 사실이다. 그해의 배출량 감소도 노력에 따른 결과가 아니라 지구전체의 경제 위기로 인한 결과였다. 무엇보다도 근시안적인 관점을 가진 사람들에게 탄소 배출량 감소가 추구할 가치가 전혀없는 목표로 여겨진다는 사실은 이제 놀랍지도 않다. 지구상에존재하는 사람들은 그런 사람들이 대부분이다. 대기 중 이산화탄소 농도가 기후 안정에 필요한 수준을 훨씬 초과했는데도 탄소 배출량은 꾸준히 증가하고 있다. 대기 중 이산화탄소 농도가 마지막으로 아주 높이 치솟았을 때 해수면은 지금보다 20미터 정도 더 올라왔었다.

이산화탄소 배출량 증가는 결코 우연히 일어난 현상이 아니다. 우리는 탄소 배출량 증가를 감수하기로 결정했었다. 따라서 경제성장을 더는 최고의 목표 또는 유일한 목표로 삼지 않고 탄소 배출량을 현격하게 감소시키겠다는 새로운 결정을 내리기 전까지는 이산화탄소 배출량이 계속 증가할 것이다. 반면 새로운 결정을 내린다면 가능한 한 빠른 시일 안에 불타는 지구의 기름 공급 밸브를 잠그고 세계적인 연구 단체들이 강력하게 요구하는 새로운 현실에 적응하는 일이 될 것이다. 그렇다고 녹색 성장(에너지와 자원을 절약하고 효율적으로 사용하여 기후변화와 환경 훼손을 줄이고 청정에너지와 녹색기술을 연구, 개발함으로써 경제와 환경이 조화를 이루는 성장), 지속 가능한 성장이 바람직하고 실현 가능하며 환영할 일이라는 사실을 부인하지 않겠다. 다만 지금 우리가 당면한 핵심과제는 무엇보다도 탄소 배출량을 줄이는 일이다. 온실가스의 해악을 완충시킬 수 있는 지구의 능력이 이제는 아예 소진됐기 때문이다.

정말 슬픈 일

스반테가 컴퓨터 앞에 앉아 눈을 비볐다. 우리는 이 책의 초고를 끝낸 후 프린터로 출력해서 읽어 보고 있었다. 스반테는 몸을 돌려 그레타에게 물었다.

"출판사에서 '녹색 성장의 함정'(135~136p) 내용이 좀 우울하다고 너랑 베아타 얘기가 들어가면 분위기가 나아질 것 같다더라. 내용을 좀 추가해도 될까?"

"어떻게요?"

그레타는 도살장에서 도축되는 돼지들 사진 몇 장을 고르며 물었다. 그 사진들을 책에 실어 우리 인간에게 동물들의 목숨을 사고팔 권리가 있다는 이유만으로 수백만 마리의 동물이 짧은 생을 마감하도록 놔두는 실상을 부각시킬 생각이었다.

"음, 너희에 관한 얘기를 좀 넣으면 될 것 같은데."

"안 돼요."

그레타는 짧게 대꾸했다.

"나중에 저희 얘기는 충분히 나오잖아요. 엄마가 번아웃 증상을 겪었던 얘기도 나오고 사람들이 유명인에 대해 궁금해한 내용도 들어 있는걸요. 그리고 사실 이 책은 기후에 관한 책이니까 슬플 수밖에 없어요. 그러니까 이 책을 읽는 독자가 참아야죠."

지금까지 하던 대로

전 세계 곳곳에서 미래의 생존 조건을 둘러싼 정보 전쟁이 벌어지고 있다. 한쪽 전선에는 연구자와 환경 단체가, 반대편에는 기업과 로비스트가 있다. 미디어의 무관심 덕분에 우리 생태계가 장차 유지될지 아닐지는 좀 더 인기를 얻은 쪽이 승자가 되는 정치 게임으로 전락했다. 기후와 지속 가능성 문제에 대한 어떤 해설이 더 잘 팔릴까? 우리 생활방식을 바꿔야 한다는 쪽인가, 아니면 앞으로도 꾸준히 쇼핑과 비행기 여행을 즐겨도 무방하다고 주장하는 쪽인가?

그렇다면 과연 어느 쪽 주장을 옹호하는 정치인들이 더 많을까? 문제는 양쪽 중 인기 있는 쪽이 몇 가지 사실들을 간과하고 있다는 점이다. 대표적인 예로 우리가 풀어야 할 과제가 경제발전의 새로운 가능성 모색이 아닌 우리 삶을 위협하는 위기 해결이란 사실을 간과하고 있다. 인류역사상 가장 큰 위험은 영원히 '녹색'을 유지하는 미래의 성장과 더불어 지속 가능한 발전을 이룰 수 있다는 약속에 묻혀 버리는 것이다. 그 안에는 극지방에서 녹아 사라지는 빙산을 위한 자리는 없다. 그런 약속을 하는 사람들은 글로벌 기업화돼 버린 농업이 우리 미래를 얼마나 위험에 빠뜨리는지 말해 주지 않는다. 그들은 또한 파괴된 열대우림이 이산화탄소를 광합성 하는 대신 대기를 서서히 오염시키는 물질을 대량으로 내뿜고 있다는 사실도 지적하지 않는다.

변화에 적응하는 능력은 인간의 가장 우수한 능력 가운데 하나다. 우리 삶을 위태롭게 만드는 일이 발생했을 때 거기서 벗어나기 위해 비록 달갑지 않은 변화라 할지라도 우리는 거의 항상 변화를 수용해 왔다. 오늘날 지구상에서 우리를 둘러싼 가운데 도처에 발생하기 시작한 제 6의 대멸종(지구 역사가 현재의 홀로세에 이르기 전까지 생물종의 대규모 멸종은 총 다섯 차례 일어났으며 제 6의 대멸종은 홀로세 대멸종으로 현생 인류에 의한 현재진행형의 대량 절멸을 가리킴.) 사태는 우리 삶마저 매우 위태롭게 만들고 있다. 그린란드와 북극, 남극의 얼음이 녹는 것도 마찬가지다. 매우 안정적이었던 기후 덕분에 문명을 이룰 수 있었는데 우리의 생활방식 때문에 기후 안정성이 더는 유지될 수 없게 되었다는 사실 또한 삶을 위협하고 있다. 하지만 이런 일들이 일어나고 있다는 이야기는 우리에게까지 전해지지 않는다. 그 이야기가 수면에 떠오르지 못하도록 익사시키기 때문이다.

지금은 세계 질서가 새롭게 정립되어야 할 시점이다. 천문학적인 금액의 경제적 이해관계가 달려 있는 문제다. 거짓말과 절반의 진실, 날조된 통계자료가 쉴 새 없이 전 세계를 향해 퍼져나가고 있다. 이산화탄소 배출의 폐해를 상대적으로 약화시키기 위해 다른 온실가스들의 유해성을 강조하고 있다. 하지만 모든 온실가스를 대대적으로 줄여야 한다. 항공사는 자동차 산업에 책임을 돌리고 농업은 항공사에 책임을 돌린다. 자동차 산업은 선박 사업에 책임을 돌린다. 자신에게서 잘못을 찾기보다는 남에게 책임이 있다고 탓하는 것이 항상 더 간단한 법이다. 그리고 거의 예외 없이 자신보다는 남에게 더 많은 것을 떠맡기게 마련이다. 온실가스 감축에 동참해야 할 기업과 개인은, 행동하는 대신 항상 어떤 국제적인 법규나 사소한 조항들을 고려해야 한다고 변명을 일삼는다. 위기를 맞은 것이 바로 우리들 자신의 미래인데도 불구하고 우리는 "알아, 하지만 다른 사람들은?"이라는 질문으로 만족해할 뿐이다. "배출량이 줄어들지는 않았지만 그렇다고 해서 늘지도 않았으니, 이제껏 해 왔던 대로 지내면 모두 다 괜찮을 거야!"

과연 그럴까? 아니다. 이 지구에서 살아갈 미래 세대의 삶은 결코 괜찮지 않을 것이다. 하지만 누가 그런 문제에 신경을 쓴단 말인가? 병에 걸린 사람들과 핸디캡이 있는 학생들에게까지 경제적인 수익 창출을 기대하는 시대에 우리는 좋은 의도를 끊임없이 내세우는 정치가들의 손에 운명을 맡겼다. 크게 잘못될 일이 있겠는가?

진실을 가리는 말

"도널드 트럼프 대통령은 최소한 솔직하기라도 하죠. 일자리와 돈 문제에만 적극적이고 파리기후협정은 완전히 무시한다며 극단주의자라고 다들 비난하는데, 우리나라 정치인들이 하는 행동도 결국 마찬가지 아닌가요?"

그레타가 말했다.

나는 두 딸과 함께 스웨덴 정당 대표들이 나오는 국회 토론 재방송을 보고 있었다. 스반테는 개를 데리고 산책을 나가고 없었다. 그 방송을 함께 보면 분명 너무 화가 날 테니까 자리를 피한 것이다.

"우리는 이산화탄소 배출량이 가장 많은 국가 중 하나예요."

그레타가 격분한 어조로 계속 말했다.

"그런데 정당 대표들은 우리의 탄소 배출 문제에 관심을 둘 것이 아니라 외관상 우리보다 심각한 상태인 다른 나라들을 도와야 한다고 입을 모아요. 하지만 우리나라의 생태 발자국 수치가 훨씬 더 커요! 그런데 다들 그 사실에 대해서는 한 마디도 안 해요!"

그레타는 무릎 위에 노트북을 올려놓고 소파에 앉아 있었다. 달력은 겨우 5월을 가리키고 있는데 창밖에는 벌써 한여름 더위가 찾아와 있다.

그레타의 말이 이어졌다.

"우리는 탄소 배출량이 많은 국가들 순위에서 여덟 번째예요. 그런데도 우리보다 상황이 나쁜 나라들을 도와야 한다고요? 미국과 사우디아라비아를 돕겠다는 얘긴가요? 우리야말로 도움이 필요한 나라인데요. 토론 참석자들은 우리가 공장을 해외로 이전해 탄소 배출을 수출한 셈이라는 사실을 모르나 봐요. 그러니 아무 말도 안 하죠. 그런 사실은 한 마디도 말하지 않으니 아무도 진짜 사정을 몰라요. 모두 트럼프 대통령의 정책을 비난하는데 우리나라는 그보다 더 나빠요. 스웨덴이란 나라는 환경을 위한 정책을 펴고 있다고 믿게 하면서 우리 국민들을 기만하고 있으니까요."

다음 날 주요 일간지들은 국회 토론에서 제기된 주장들에 대하여 사실관계를 확인했다. 검증 대상이 된 사실들은 우리가 그 방송을 보면서 얘기했던 것들과는 완전히 다른 것들, 예를 들어 얼마나 빠른 속도로 해빙이 일어나는가 하는 질문들이었다. 1분마다 20만 제곱미터에 이르는 얼음이 녹고 있다는 게 사실일까, 아니면 훨씬 더 적은 양일까? 토론에 참가했던 정당 대표들이 스웨덴의 탄소 배출량을 절반 이하로 축소해서 말한 사실을 문제 삼는 기사는 어디에도 없었다. 그레타는 다음 날 아침 식탁에서 신문을 읽더니 이렇게 말했다.

"어떤 날은 달성해야 할 기후 목표를 제시하더니 다른 날은 비행장을 확장해서 승객을 세 배로 늘리고 친환경 고속도로를 건설해야 한다는 식이네요. 다들 기후변화를 부인하는 사람들은 바보라고 말하잖아요. 그런데 모두가 기후변화를 부인하는 사람들 같아요. 한 사람도 빠짐없이요."

지구를 구할 수 있는
3년의 시간

    기후 문제에서 선두적인 역할을 하고 있는 여섯 명의 학자들과 정책 결정자는 2017년 여름 〈네이처〉에 기고한 글에서 탄소 배출량이 하강 곡선을 그리게 할 수 있도록 인류에게 주어진 시간은 정확히 3년이라고 지적했다. 이 시간을 '지구를 구할 수 있는 3년의 시간'이라고 표현했다. 앞으로 3년 동안에 배출량이 하강 곡선을 그리지 못하게 되면 파리기후협정에서 채택된 섭씨 2도 목표 달성은 실패할 것이며, 그 결과 기후변화로 인한 치명적인 사태의 악순환을 피할 수 없을 것이라고 경고했다. 전 세계 사람들이 2025년에는 창고에 저장된 식료품만으로 연명하는 동안 거의 모든 공장이 멈춰 설 것이고 자동차와 항공기는 가만히 세워 놓은 채 서서히 녹슬게 할 각오를 해야 한다고 주장했다. 심하게 들릴지도 모르나 사실 그들은 단 한 번도 누군가에게 공포심을 조장한 적이 없는 사람들이다. 오히려 〈워싱턴 포스트〉는 "낙관주의자에 속하는 사람들이 쓴 기사"라고 평했다.

그로부터 1년이 흘렀지만 우리가 그토록 간절하게 원하던 획기적인 전환의 조짐은 찾아볼 수가 없고, 스웨덴은 매우 모범적이라는 말이 종종 우리 귀에 들려올 따름이다. 하지만 실제로는 기후 문제에 관한 한 모범적으로 대처하는 국가는 전 세계 어디에도 없다. 어쨌든 서구 선진국 쪽에는 단 한 나라도 없다.

　왜냐하면 기후 위기에 대응하는 우리 선진국의 전략은 궁극적으로 기후 그 자체를 구하는 게 목적이 아니기 때문이다. 우리는 단지 지금까지 누려 왔던 삶의 양식을 앞으로도 계속 누리려고 노력할 뿐이다.

서기 2017년

2017년은 환경오염으로 인해 900만 명이 목숨을 잃은 해다. 그해 최소한 2만여 명의 학자들이 '인류가 기후 위기와 지속 가능성 위기로 인한 파국으로 치닫고 있으며 그 방향을 바꿀 수 있는 시간이 점점 줄어들고 있다'고 강력하게 경고한 바 있다.

2017년은 독일 과학자들이 지구상의 곤충 가운데 75~80퍼센트에 이르는 수가 사라졌다는 사실을 확인시켜 준 해이기도 하다. 그리고 얼마 지나지 않아 프랑스에서는 조류의 개체수가 '현저하게 감소'했을 뿐만 아니라 일부 조류의 새끼 수가 70퍼센트까지 감소했다는 연구 보고서가 등장했다. 곤충 개체 수의 급격한 감소로 새들이 더 이상 먹이를 구할 수 없게 되었기 때문이다.

2017년은 단 42명의 개인이 보유한 돈이 지구상에 존재하는 남은 사람들의 돈을 모두 합친 금액의 절반 이상을 차지한 해였다. 그 한 해 동안 증가한 부의 총액 가운데 82퍼센트는 가장 부유한 1퍼센트의 소유가 되었다.

2017년은 바다의 얼음과 빙하가 기록적인 속도로 녹은 해다.

2017년은 6,500만 명의 난민이 발생한 해다.

2017년은 허리케인과 화산 폭발로 수천 명이 죽고 도시가 물에 잠겨 여러 나라의 존립이 위협받은 해다.

마지막으로 이산화탄소 배출량이 다시 상승 곡선을 그리고 대기 중 탄산가스의 농도가 다시 높아진 해였다. 그해의 이산화탄소 배출량은 지질학적 관점에서 보면 SF 영화 〈스타트랙〉에서 워프(우주선 발사 속도. 워프 5는 약 256광속) 단추를 누른 것만큼이나 빠른 속도로 증가했다.

기후 이야기는
이제 그만?

"기후 문제가 시급하다는 건 인정해요. 정말 중요하죠. 하지만 이번에는 다른 문제들을 좀 다뤄 주시면 좋겠어요."

한 달에 한 번 나는 미디어 회사인 미트메디아의 〈달라나스 티드닌가르〉에 칼럼을 기고했다. 11월분 원고 마감일에 나를 담당하던 유능한 편집자는 기후를 주제로 한 원고를 받았다. 거의 3천 자 분량의 원고를 받은 그녀는 절망적인 목소리로 불만을 토로했다.

"기후 문제에 관한 글은 더 이상 받고 싶지 않아요!"

우리도 마찬가지였다. 스반테와 나 역시 기후 문제에 관한 글을 더는 쓰고 싶지 않았다. 나도 다른 주제로 글을 쓰고 싶었다. 신문사에서 처음 원고 청탁을 받을 때 약속했던 주제들, 문화나 지방 도시 활성화 문제 또는 휴머니즘이나 지역 음악학교에 관한 내용을 다루고 싶었다. 혹은 인종차별 반대 운동이라든지 그와 비슷한 방향의 글을 쓰고 싶었다. 기후 문제 말고 다른 칼럼니스트들처럼 다른 온갖 문제들에 대해 쓰고 싶었다.

시류를 거스르는 기후 문제는 한 달에 한 번 정도 가볍게 다루고, 병원 식사나 이슬람 사원의 아잔 소리(기도 시간을 알리는 외침)를 둘러싼 싸움 또는 요즘 한창 논란거리가 되고 있는 사회현상 등을 언급하고 싶었다.

우리에게 가장 시급한 문제가 무엇인지, 대중의 관심을 더 많이 받으면서 더 많이 논의해야 할 문제를 다섯 개나 열 개쯤 손꼽아 보라는 요청을 받았을 때 나도 다른 사람들과 똑같은 관점에서 세상을 파악하고 싶었다. 그래서 기후 문제는 세 번째 정도, 적어도 학교 문제나 요양 제도의 위기 다음으로 쓰고 싶었다. 하지만 내가 아무리 노력해도 그럴 수가 없었다. 지금 우리에게 기후 위기는 가장 중요한 문제다. 기후 문제를 제쳐 두고 다른 문제에 적극적으로 참여해서 활동하는 사람들을 보면 신기할 지경이다. 그런 행동은 마치, 20세기 초에 살면서 선거권 평등과 노동자 계층의 생활 여건, 여성해방과 노동조합에 가입할 권리 등에는 전혀 무관심한 것과 약간 비슷하다. 차이가 있다면 20세기 초의 문제들보다 지금 우리 앞에 놓인 문제가 훨씬 더 극적이라는 사실이다. 100년 전까지만 해도 미래 세대의 운명을 좌우할 선택의 시간이 얼마나 남았는지를 보여 주는 거대한 모래시계가 움직이고 있지 않았기 때문이다.

"기후 위기는 너무 거대한 문제라 충분히 대처하기가 어려워요."

스반테와 내가 종종 들었던 말이다. 그 말은 맞는 동시에 틀린 말이다. 사실 마음만 있다면 기후 위기에 대처하기란 의외로 쉽다. 자신의 희생을 각오하고 어느 정도의 특권을 포기하고 몇 걸음만 뒤로 물러선다면 결코 어려운 일이 아니다. 기후 문제는 너무 어렵거나 너무 규모가 커서 해결하기 힘든 게 아니라, 단지 희생을 각오하는 순간 생활이 너무 불편해지기 때문에 힘든 것이다. 비를 맞아 텐트는 젖어 가고 있는데 그 안에서는 몸을 돌돌 말아 침낭 안에 안락하게 누운 채로 따뜻함을 만끽하고 있는 상황과 비슷하다. 그런 상황에서 문제를 해결하기 위해 당장 몸을 일으킬 사람이 과연 얼마나 되겠는가? 아마 거의 대부분이 계속해서 잠을 청할 것이다.

〈달라나스 티드닌가르〉에 기고한 마지막 칼럼에서 나는, 기후 위기를 부인하는 사람들의 주장이 잘못되었다는 사실이 밝혀졌는데도 미트메디아가 그들의 견해를 반복해서 싣고 있는 점을 지적했다. 그리고 기후 위기를 부인하는 사람들이나 홀로코스트를 부인하는 사람들에게 발언 기회를 제공하는 신문에 내 글을 기고하는 것을 양심이 더 이상 허락하지 않는다고 밝혔다. 그러나 미트메디아는 내가 지적한 문제를 전혀 개선하려 하지 않았고, 나는 그들과 함께하던 일을 그만두었다. 내 마지막 칼럼은 영영 실리지 않을 것이다.

기후와 환경에 관한
신문 기사

"새로운 기록이에요!"

토요일 아침, 그레타가 주방으로 들어오며 외쳤다. 환한 얼굴로 칸칸이 숫자가 적힌 A4 용지를 흔들고 있었다.

"환경이나 기후 문제를 다룬 기사가 1퍼센트를 넘었어요. 물론 대부분이 짤막하게 언급하거나 여기저기 돌아다니던 예전 글을 갖다 쓰긴 했지만 어쨌든요."

그레타가 신문에서 환경과 기후 문제를 실제로 어느 정도 비중으로 다루고 있는지 조사하게 된 데는 아는 사람의 말이 컸다. 그 사람은 신문 기사 중 끔찍한 내용이 너무 많아 조만간 신문 구독을 끊어야겠다고 말했다.

"온통 위기에 관한 기사들뿐이에요. 전쟁과 트럼프 대통령, 폭력과 범죄 그리고 기후 얘기뿐이라고요."

그레타는 실제로도 그렇다고 결코 생각하지 않았다. 하지만 많은 사람들이 기후에 관한 끔찍한 기사가 너무 많다며 비슷한 불만을 털어놨다. 그레타는 오히려 기후와 지속 가능성에 관해 언급한 기사가 얼마 없다고 생각하고 있었다. 그래서 그레타는 실제로 신문 기사에서 기후 문제를 얼마나 많이 다루고 있는지 조사해 보기로 했다.

그레타는 매일 4대 일간지의 기사에서 기후 문제가 차지하는 비중을 계산하기 시작했다. 기후와 환경에 관한 기사는 몇 개나 있는가? 그와는 정반대 쪽에 속하는 것들, 예를 들어 비행기 여행과 쇼핑 그리고 자동차 관련 기사는 얼마나 되는가? 결과는 대체로 매번 동일했다. 기후와 환경에 관한 기사의 비중은 0.3퍼센트에서 1.4퍼센트 사이였고, 다른 주제의 기사들은 눈에 띄게 높은 숫자를 나타냈다.

스웨덴의 가장 큰 신문 가운데 하나가 편집부 전체 회의에서 기후 문제를 핵심 기사로 다루기로 정했다고 발표하자 그레타가 그 신문을 5주 동안 면밀하게 살펴봤지만, 결과적으로 그 이전과 별로 달라진 게 없었다. 쇼핑 관련 기사 22퍼센트, 자동차 7퍼센트 그리고 비행기 여행 11퍼센트였다. 반면에 기후 관련 기사는 겨우 0.7퍼센트에 지나지 않았다. 그레타가 조사할 때마다 어느 신문이나 결과는 비슷했다.

그레타는 자신이 중요하다고 생각하는 문제라면 하나도 빠뜨리지 않고 철저하게 살피는 아이다. 그래서 우리는 매일 아침 그레타와 함께 인터넷에 올라온 주요 일간지 기사를 살펴봤다.

"기후에 관한 기사가 제일 큰 비중을 차지하는 날이 오면 달력에 빨간 표시를 해 놓을 거예요."

그레타가 말했다.

아직까지 그런 날은 오지 않았다. 우리가 기사들을 주제별로
분류해서 세어 온 지도 벌써 2년째다.

모든 것을 잃어버리다

우리는 반려견들을 데리고 플레밍가탄 뒤편의 원형 공원으로 산책을 가는 길이었다. 스반테는 걸어가면서 휴대폰을 들여다보고 있었다.

어느새 2017년의 여름이 지나갔다. 우리 가족은 반년 전에 유기견 한 마리를 입양해서 모세스에게는 친구가 생겼다. 록시는 래브라도 리트리버 견종으로 온몸이 새까만데 모세스 못지 않게 장난꾸러기인데다 사랑스러운 녀석이었다. 보호센터의 직원이 아니었다면 록시는 남아일랜드에 있는 우리 안에서 생을 마감했을 것이다. 다행히도 우리가 입양한 덕분에 록시는 모세스 옆 잔디밭에서 흐뭇한 표정으로 코를 킁킁거리며 냄새를 맡고 있다. 우리의 반려견 두 마리는 지칠 줄 모르는 활기를 발산했다.

2017년 스웨덴의 여름은 그럭저럭 견딜 만한 날씨가 이어졌고, 남유럽에 닥친 지독한 폭염을 운 좋게 피할 수 있었다. 하지만 7월은 세계적으로 유례없는, 역대 두 번째로 더운 달이었다.

우리가 동네를 산책하고 있던 그때 모든 것은 평소와 다름없이 정상이었다. 반면에 지난주 인터넷 뉴스 한 면을 도배한 폭우 보도 기사에서는 모든 게 비정상이었다. 기후 위기를 부인하는 사람들은 트위터를 통해 "전부 가짜입니다!"라고 주장했지만, 휴스턴의 고속도로 위 육교가 10미터 깊이의 물에 잠긴 사진은 유감스럽게도 100퍼센트 진짜였다.

비정상적인 날씨는 서아프리카 시에라리온의 상황도 마찬가지였다. 모세스와 록시가 목줄이 팽팽해질 정도로 코를 박은 채 킁킁거리는 동안 우리는 휴대폰으로 동영상을 찾아봤다. 시에라리온에는 평소 강우량의 세 배나 되는 비가 내렸다.

"여기에, 우리 집에 있었습니다."

우리가 보고 있는 휴대폰 액정 속 작은 화면에서 한 남자가 말했다.

"우리는 여기에 살고 있었지요."

남자가 이어서 말하며 이제는 붉은 진흙더미가 되어 버린 언덕을 가리켰다. 카메라는 몇 주 전만 해도 시에라리온의 수도였을 프리타운 초입 지역을 여기저기 비추고 있었다. 그곳에 건물 흔적은 전혀 남아 있지 않았다. 건물의 토대나 굴뚝은 물론이고 심지어는 자동차의 잔해조차 보이지 않았다. 오직 산사태로 흘러내린 적갈색 진흙뿐이었다. 화면에 등장한 남자는 저녁에 아이들을 재우던 일이 얼마나 그리운지 이야기했다. 아들에게 자장가를 불러 주던 그때가 얼마나 그리운지. 그는 모든 것을 잃은 상태였다. 아내도, 아이들도 그리고 집도. 남자는 한때 자신의 작은 세상이었던 곳에 남아 계속 무언가를 찾으려고 여기저기 헤집고 있었다. 그러다가 영국 TV 방송국 기자에게 폐허로 변해 버린 장소를 가리켜 보였다. 사실 가리킬 만한 것도 없었다. 보이는 것이라곤 그저 적갈색 진흙더미 언덕과 뒤편에서 조심스럽게 움직이고 있는 봉사자들뿐이었다. 수천 명이 살고 있던 장소가 하루아침에 텅 비었다. 온통 진흙뿐인 폐허에서 불과 하루 전만 해도 수많은 가족이 일상을 영위하고, 각자의 삶을 꾸려 나갔다. 아침에 일어나 식사를 하고 출근 전에 아이들을 학교에 데려다주던 사람들, 우리 같은 사람들이었다.

리포터는 눈물을 흘리며 최선을 다해 남자에게 닥친 불행을 전달하려고 애썼다. 자신의 보도가 남자의 가족과 집을 집어삼킨 진흙과는 다른 종류의 진흙 즉 서구 유럽의 진흙이라고 할 수 있는 홍수처럼 넘쳐나는 뉴스와 뉴스의 가치를 좌우하는 근접성 원칙(지리적 근접성과 심리적 근접성이 있는 문제나 사건에 더 큰 관심을 가지게 되어 뉴스 가치가 커지는 현상)에 파묻히리라는 사실을 아마도 짐작하고 있었겠지만 말이다. 리포터가 끔찍한 일을 겪은 남자의 고통을 널리 전하는 동안 시에라리온 슈가로프 산기슭의 슬럼가인 리젠트에 살았던 남자는 당사자이면서도 정작 무심해 보였다. 그는 무표정한 얼굴로 가만히 서 있을 뿐이었다. 이런 상황에서 무엇이든 거리낌 없이 하는 사람이 있는가 하면, 아무것도 할 엄두를 내지 못하는 사람도 있다. 슈가로프 산에 내린 폭우로 산사태가 나면서 천 명 이상이 목숨을 잃었다. 리젠트에 살고 있던 남자는 모든 것을 잃었지만 그럼에도 불구하고 TV 방송국 카메라 앞에서조차 자신의 비통함을 드러내지 못했다.

인간의 가치

"기후변화 때문에 일어난 사태입니다."

콜롬비아의 대통령은 2017년 4월, 콜롬비아와 이웃나라인 페루를 기습한 위력적인 폭우로 인해 산사태가 발생하고 수백 명이 죽었을 때 이렇게 말했다. 하지만 그의 의견에 귀를 기울이는 사람들은 그다지 많지 않았다. 화산 폭발 후 터져 나오는 마그마처럼 몇 미터 두께의 진흙이 시간당 50킬로미터의 속도로 도심을 덮치는 충격적인 영상이 공개되자 사람들의 관심이 쏠리긴 했지만 업로드 영상 개수가 줄어들자 서구 유럽 뉴스 담당자들의 관심 또한 시들해졌다. 콜롬비아 수재민의 영상은 비슷한 재난을 겪은 수많은 사람의 영상과 마찬가지로 쉽게 잊혀졌다. 이런 현상을 저널리즘에서는 근접성 원칙이라고 부르는데 예를 들어 프랑스에서 테러 행위가 일어나면, 이라크에서 일어나는 똑같은 비극보다 훨씬 더 주목받게 된다는 사실을 의미한다. 이라크보다는 프랑스가 스웨덴과 지리적으로나 심리적으로나 가깝다고 생각되기 때문이다.

근접성 원칙은 또한 심한 악천후 때문에 발생하는 사태들이 뉴스 가치가 있으려면 유럽이나 미국 혹은 캐나다, 심지어는 호주에서 일어난 일이어야 한다는 사실을 말해 준다. 왜냐하면 리투아니아가 스웨덴의 이웃나라이고 또 같은 유럽연합에 속해 있는데도 불구하고, 근접성 원칙에 따르면 호주가 스웨덴에 심리적으로 더 가까운 나라이기 때문이다. 각기 다른 나라가 각기 다른 가치를 갖고 있다. 각기 다른 나라의 국민들도 그들이 갖는 가치가 서로 다르다. 무엇보다도 어느 나라에서 일어난 일인가에 따라 어떤 문제, 어떤 사건이 갖는 뉴스로서의 가치가 달라진다. 그리고 어떤 문제나 사건이 갖는 뉴스 중요도가 다른 가치들, 예를 들어 인간의 존엄성 같은 것에 영향을 미칠 가능성을 무시할 수 없다. 도대체 누가 그것을 알겠는가?

뉴스적 관점으로 볼 때 기후는 그저 기후일 뿐 완전히 독자적으로 발생하는 현상에 가깝다. 이제까지 항상 기후는 그렇게 간주되어 왔다. 전 세계 과학자들이 온실가스 배출과 도처에서 일어나는 악천후 사이의 분명한 상관관계를 인정하고 있는 현재까지도 기후 현상을 바라보는 뉴스의 시각은 바뀌지 않고 있다.

선도적 위치에 있는 기후 전문가들이 많은 논문에서 지구온난화가 악천후에 아나볼릭스테로이드(스테로이드 구조로 이루어진 유기화합물로 근육의 양을 늘리고 강도를 높여 주는 작용을 함)와 같은 영향을 미친다고 설명한다. 온실가스가 불안정한 기후를 더욱더 극단적으로 불안정하게 만들고 있는 것이다. 우리 삶과 기후 사이에 명백한 연관성이 있다는 점은 이제 어느 누구도 부인할 수 없다. 그러니 언론부터 그 문제에 대해서 충분히 보도해야 하지 않겠는가!

같은 병, 다른 증상

스웨덴 신문에 시에라리온의 산사태에 관한 기사가 단 한 줄도 실리지 않았기 때문에 우리는 트위터와 인스타그램을 통해 그 일을 알렸다. 하지만 갑자기 울린 전화벨 소리에 시에라리온 일에 신경 쓰고 있던 우리는 순식간에 일상으로 되돌아오고 말았다.

그레타는 무척 속이 상해 있었다. 선생님이 아무도 나오지 않아 수업을 받을 수 없었기 때문이다. 그레타의 학교에는 수업을 맡을 선생님이 없는 과목이 여러 개 있었다. 우리는 이 문제를 학교 측과 상의했다. 그레타는 어렵게 온 과학 선생님을 무척 좋아했는데 얼마 지나지 않아 그레타네 반을 가르치지 않게 되어 실망이 컸다. 과학 선생님이 월요일과 금요일에는 수업을 쉬고 싶어 했기 때문이다.

"우리 학교는 원래 특별한 교육이 필요한 학생들을 위한 학교라던데 실제로는 아니에요."

그레타가 한숨을 쉬었다.

"특별한 희망을 가진 선생님들을 위한 학교인가 봐요."

우리는 실망한 채 집에 와서는 전화기를 붙들고 우리 일상에 발생한 문제들을 처리해야 했다. 하지만 교장선생님은 아무래도 필리핀에서 돌아오지 않은 모양이고, 2주 동안 수업 시간표가 네 번이나 변경된 사유를 설명해 줄 사람이 아무도 없었다.

나는 오후의 환한 햇살에 잠긴 플레밍가탄 교차로를 절망적인 시선으로 바라보았다. 스반테가 나를 보며 말했다.

"어지간히 해. 안 그러면 당신, 완전히 만신창이가 될 거야."

하지만 나는 그만둘 수가 없었다. 내가 그만두면 다른 누군가가 그 문제를 떠맡아야 하는데 그럴 사람이 없었기 때문이다. 나는 스반테가 무슨 생각으로 그런 말을 했는지 잘 이해했지만 그의 말처럼 내버려둘 수는 없는 노릇이었다. 나에게는 불가능한 일이었다.

식구들이 모두 잠든 밤, 나는 소파에 앉아 아이들 앞에서는 결코 내색할 수 없었던, 그래서 속에 꾹꾹 눌러 두어야만 했던 모든 감정을 눈물과 함께 쏟아 냈다. 두 눈 가득 차오른 눈물이 펑펑 쏟아지면서 얼굴을 가린 양손 사이로 흘러내렸다. 이 세상에 존재하는 견딜 수 없을 만큼 나쁜 모든 것들에 대한 슬픔과 분노의 눈물이 물결처럼 흘러내렸다. 그 어떤 순간에도 절대로 통제력을 놓을 수 없기 때문에 느끼는 좌절의 눈물이었다. 문득 교사들과 교육학자들에게 그레타네 학교 사정을 알리는 이메일을 보내야겠다는 생각이 들었다. 그래서 나는 양 손가락이 얼얼해질 때까지, 휴대폰의 배터리가 하나도 남지 않을 때까지 쓰고 또 썼다. 양팔의 감각마저 사라질 무렵 나는 나 자신과 다른 모든 사람들을 증오하는 마음이 들었다. 지금의 상황을 조리 있게 설명할 능력이 더는 없었다. 도움을 요청할 힘도 더는 없었다.

다음 날 아침에 먹을 와플 반죽도 만들어 놔야 하고, 멜라토닌과 옥사제팜 여분도 필요해서 휴가 중인 의사에게 전화도 해야 했다. 우리 가족은 틈만 나면 싸웠고 나는 마음이 상할 수밖에 없었다. 그리고 온갖 걱정과 근심이 엄청나게 무거운 시멘트 반죽처럼 내 가슴을 짓눌렀다. 나는 더 이상 견딜 수가 없었다. 내 안에 쌓인 것들을 밖으로 끄집어내야 했다. 다시 건강해져야만 했다.

누워서 잠을 청했지만 소용없었다. 그래서 나보다 훨씬 심각한 처지에 있는 사람들의 이야기를 읽었다. 날씨와 바람과 일상이 매일 점점 더 빠른 속도로 고갈되어 가는 지구에서 살고 있는 고갈된 사람들의 이야기였다. 나를 포함한 그들 모두 똑같은 병을 앓고 있으며 증상만 다르게 나타날 뿐이라는 생각이 들었다. 그리고 그 병은 우리가 우리 자신으로부터 멀어졌기 때문에, 우리가 자연으로부터 멀어졌기 때문에 생긴 지구의 위기라는 질병이었다.

머릿속에서 우리가 우리 자신으로부터 멀어졌다는 생각이

계속해서 맴돌았다. 물에 잠긴 도시와 시에라리온의 슈가로프 산 진흙더미로부터 아주 멀리 떨어진 침대 안에서 잠들 때까지.

비행기 여행 포기

2016년 3월 7일 오스트리아 빈, 나는 콘서트 공연을 마친 후 비행기를 타고 집으로 돌아왔다. 그리고 다시는 비행기를 타지 않기로 결정했다. 기후 문제를 둘러싼 논쟁에서 떳떳하게 입장을 밝히려면 반드시 필요한 일이었다. 그렇게 하지 않으면 논쟁에서 "아, 그런가요? 그럼 당신 자신은 어떤 행동을 하시나요?"라는 비난을 피할 수가 없다. 누구나 평소 말과 다른 거짓된 태도를 경멸하기 때문이다. 그래서 우리는 차라리 비행기 여행을 포기하기로 결심했다. 의도는 좋으나 불완전하다는 사실을 인정하느니 차라리 유일하게 지적인 생활에 속하는 비행기 여행을 포기하는 편이 나았다.

비행기 여행을 포기한다는 결정은 사람들이 우리 이야기에 귀 기울이게 하려면 꼭 필요했다. 사람들의 관심을 얻지 못하고서야 어떻게 기후 운동을, 인류 역사상 가장 큰 노력이 요구되는 활동을 제대로 할 수 있겠는가!

비행기를 타는 행동은 기후 위기에 관련된 쟁점을 가장 잘 보여 주는 일이다. 비행기 운항이 막대한 양의 탄산가스를 배출시킨다는 사실이 명백하게 드러났는데도 불구하고 아무도 귀를 기울이지 않는다. 하지만 비행기 여행을 포기한다는 선택은 단지 비행기 여행만의 문제가 아니다. 지구상의 생명체들이 정상적인 멸종 속도보다 거의 천 배 이상 빠르게 사라져 가고 있다는 사실과도 관련이 있다. 우리가 배출하는 이산화탄소가 제로 수준, 아니 마이너스 수준까지 떨어져야 하는데, 이 목표를 달성하게 해 줄 새로운 기술을 아직까지 찾지 못했다는 사실과도 관련이 있다. 또한 과학기술 문명의 발전으로 우리가 누릴 수 있는 지나치게 편리한 온갖 습관들, 이를테면 수백 톤짜리 금속 뭉치를 몇 시간 만에 지구 반대편으로 이동시키는 그런 습관들이 인류 문명의 지속 가능성을 위협한다는 사실과도 관련이 있다.

"이 말이 제일 웃겨요."

그레타가 이렇게 말하며 큰 소리로 웃었다.

"우리가 비행기 타는 걸 중단하려면 우선 기차가 좀 더 믿을 만한 교통수단이 되어야 할 거래요. 다들 그렇게 말해요! 하지만 막상 어딘가 멀리 가려면 혹시 늦을지도 모른다는 생각에 시간이 훨씬 적게 걸리는 비행기를 포기하지 못하는 거예요. 지각할지도 모르는 위험을 감수하느니 차라리 미래 세대의 삶을 파괴하는 거죠."

그레타는 잠시 아무 말 없이 눈으로 록시의 움직임을 지켜보더니 덧붙였다.

"사람들은 자신이 원하는 대로 모든 일이 이루어지는 데 익숙해져 있어요. 마치 응석을 부리는 어린아이 같아요. 그런데 어른들은 오히려 아이들더러 게으르고 응석받이라며 불평을 해요. 저처럼 아스퍼거 증후군을 앓고 있는 사람들은 아이러니를 이해할 능력이 없대요. 어떤 사람이 저 같은 사람의 여러 가지 특징을 지적한 글에서 봤어요. 하지만 아이들에게는 응석을 부린다고 불평하면서 정작 어른들이 모든 일에서 자기 뜻대로 되기를 원하는 태도야말로 아이러니죠."

"의식을 가진 운석처럼"

페이스북에 새로운 동영상이 올라왔다. 덴마크에서 방영된 프로그램인데 사회자가 게스트들에게 비행기 여행을 완전히 포기해야 한다는 주장은 다소 광신적인 견해가 아니냐고 물었다.

"지구 기온이 섭씨 4도 상승해도 우리가 살 수 있다고 믿는 게 오히려 광신적인 태도입니다."

게스트 가운데 한 명이 영어로 대답했다.

"정말 광신적인 태도는 우리를 포함한 소수 엘리트 계층이 누려 온 행동양식을 앞으로도 계속해서 유지할 수 있다고 믿는 겁니다. 비행기 여행을 중단해야 한다는 의견은 전혀 광신적이지 않습니다. 오히려 정반대지요."

비행기 여행이 단연코 개인이 기후에 미칠 수 있는 최악의 영향을 초래하는데도 불구하고 전 세계 인구의 약 3퍼센트가 일년에 한 번 이상 비행기를 타는 사치를 누린다.

덴마크 방송에 게스트로 참석한 케빈 앤더슨은 이 3퍼센트에 속하지 않는 사람이다. 그는 2004년에 비행기 탑승을 완전히 그만두었다. 그는 종종 이렇게 말하곤 한다.

"일단 케이크 하나를 떠올려 보세요. 지구 기온이 섭씨 2도 이상 상승하는 것을 막기 위해 책정된 이산화탄소 배출량 허용 한도를 케이크 하나라고 생각하는 겁니다. 이 케이크 한 개를 다 먹어 버리면 더 이상 먹을 수 있는 조각이 없는 거죠. 지금까 지 우리가 케이크 대부분을 먹어치웠으니, 이제 마지막 남은 조 각이라도 지구상의 모든 국가에 공정하게 분배해야 합니다."

지구 전체가 케이크 하나를 나눠 먹는 상상은 유치할 정도로 단순하면서도 혁신적인 생각이다. 엄밀하게 따지고 보면 지구 전체에서 배출할 수 있는 탄소량이 제한된 이상 언젠가는 할당 량 배급이 이루어질 수밖에 없다.

여기서 우리는 마가렛 대처와 로널드 레이건이 거의 40년 전 에 추진한 신자유주의(시장의 자연성과 민간의 자유로운 활동을 중시하는 경제 이론) 정책이 더 이상 통용되지 않는다는 사실에 직면한다. 신 자유주의 정책은 사실 이론이라기보다는 오히려 유치원 수준 의 수학에 불과하다.

인류 전체가 함께 먹는 이 케이크에는 꼭 해결해야만 하는 커다란 딜레마가 있다. 케이크 안에는 우리가 타는 SUV 자동차 와 휴가 여행, 육류 소비만 포함되어 있는 게 아니다. 오늘날 지 구의 기후 위기를 초래한 데 아무런 잘못이 없는 개발도상국의 수십 억 인구를 위한 인프라(생산 활동에 꼭 필요한 사회기반시설로 '사회간

접자본'이라 부르기도 하며 도로, 전기, 통신 등 산업 인프라와 상하수도시설, 병원, 학교 등 생활 인프라를 포함함.) 건설이 포함되어 있다는 사실이다. 따라서 우리가 비행기를 타거나 육류를 먹거나 쇼핑을 하러 갈 때마다 결과적으로 우리보다 불운한 처지의 사람들이 생활수준을 높이기 위해 사용할 수 있는 탄소 할당량이 줄어든다. 인터넷에서 앤더슨의 연설을 찾아보면 이 문제에 대해 좀 더 자세히 알 수 있다.

탄소 할당량 문제의 심각성을 안다고 해도 실제로 유해한 행동을 그만두기는 매우 어려운 일이다. 하지만 우리는 더 이상 기후변화로 인한 사태를, 우리가 지금 생존의 갈림길에 서 있다는 사실을 무시할 수 없다.

현대사회의 생활방식은 고질적인 병폐가 되어 우리가 살고 있는 지구에 수많은 합병증을 일으켰다. 그리고 그 합병증 하나하나가 우리에게 중차대한 선택을 요구하고 있다. 가장 큰 문제는 우리가 항상 모든 것을 가능한 한 최고 속도로 한꺼번에 하고 있다는 사실이다. 케빈 앤더슨은 우리 인간이 마치 '의식을 가진 운석' 같다고 했다.

나는 비행기를
타지 않는다

비행기를 안 타는 일은 어쨌든 파문을 불러일으킬 만한 행동이다. 그리고 그런 행동은 우리 인간이 현재 상황에서 선택할 수 있는 최선의 방법이다.

한 친구가 내게 어떤 종류의 비행기 여행이 불필요하냐고 물은 적이 있었다. 나는 '내가 하는 비행기 여행'이라고 대답했다. 쇼핑을 하러 돌아다니는 내 행동과 고기를 먹는 내 행동 역시 불필요한 행동이다. 물론 그런 행동을 그만두는 정도로는 충분하지 않다. 소비 습관을 절제하는 것만으로 기후 위기가 해결되리라고 믿는 사람은 아무도 없다. 하지만 나의 아주 작은 행동이 급진적인 기후 정책 수립에 조금이라도 도움이 된다면 나는 앞으로도 기꺼이 계속 그렇게 행동할 것이다.

사람들은 누구나 자신만의 일상을 살아가고, 우리 모두 개인적인 험난한 과제들을 해결하는 것만으로도 힘에 부친다. 오늘날의 기후 위기를 진짜 위기로 여기고 있지도 않는데, 그런 사람들에게 기후 문제를 개인적으로 떠맡으라고 요구할 수는 없다. 지금의 사태를 초래한 책임은 결코 우리 개개인에게 있지 않기 때문이다. 물론 비행기 여행이 모든 것을 악화시키고 있는 것만은 분명하다. 게다가 성장제일주의 사회에서는 때로 몇 걸음 뒤로 물러서는 일이, 앞으로 나아가는 길이 될 수 있다는 사실을 받아들이지 않기 때문이다. 그런 사회에서는 앞으로 나아가는 것만이 유일하게 가치 있는 행위로 인정받는다.

심리상담

"프랑스의 수도는 어디인가요?" 나는 기억이 나지 않았다. "스웨덴에서 가장 높은 산은요?" 나는 대답을 하지 못했다. "미국의 대통령 이름은 아시나요?"

2016년이었다. 나는 신경정신과 검사를 받기 위해 심리상담사와 면담 중이었다. 수백 시간에 걸쳐 책을 읽은 끝에 나는 우리 가족에게 닥친 일을 어느 정도 이해하게 됐다. 그리고 수천 페이지를 더 읽고 나자 내 딸들과 나 자신의 상태에 관한 많은 것들이 분명해졌다. 그러나 100퍼센트 확신하고 싶었기 때문에 검사를 받기로 했다. 검사를 받는다고 해서 무언가 달라지리라고 기대하진 않았다. 다만 내 병에 대해 확실하게 알고 싶었을 따름이다.

내가 받을 검사는 어쩌면 내 주변 사람에게만 도움이 될지도 몰랐다. 사실 그때의 나한테는 그 사람들조차 전혀 신경이 쓰이지 않았다. 나는 그저 이루 말할 수 없이 피곤하고 슬펐다. 그리고 누군가는 내가 아침에 눈을 떠서 침대를 벗어날 수 있게 도와줄 방법을 알지도 모른다고 생각했을 뿐이다. 내가 진 무거운 짐을 내 다리가 버텨낼 수 있도록 도와줄 무언가를, 도처에 도사리고 있는 어둠 건너편을 내가 꿰뚫어 볼 수 있게 도와줄 무언가를 알지도 모른다고 생각했다. 그래서 나는 검사에 필요한 서류들의 빈칸을 채우고 모든 질문에 대답했다.

심리상담사가 내게 말을 했지만 나는 거의 듣지 못했다. 아니, 정확하게 말하면 듣기만 하고 마땅한 답을 찾지 못했다. 내 생각은 어딘가에 붙잡혀 꼼짝도 하지 않았다. 나는 물 한 컵을 달라고 말하고 싶었지만 갑자기 '컵'이라는 단어가 생각나지 않았다. 어려운 말도 아닌데 개념이 사라져 버렸다. 단어가 소리에 파묻혀 버렸다.

음악은 언제나 내게 모든 것을 의미했다. 내가 원할 때면 항상 음악을 켤 수도, 끌 수도 있었다. 하지만 그때는 그럴 수가 없었다. 내 병명이 머릿속을 맴돌았기 때문이다. 나는 머릿속 생각들을 옆으로 제쳐 놓으려고 애썼지만 쏴쏴 소리가 사방에서 끊임없이 스며들었다. 내게 음악은 축복이면서 동시에 저주였다. 거의 언제나 장점이기만 했던 내 재능은 더 이상 통제할 수 없는 지경이 되었는데, 내가 가진 에너지를 그동안 우리 일상을 어떻게든 유지하는 데 모두 소진했기 때문이다.

"미국의 대통령 이름이 무엇인가요?"

심리상담사가 질문을 반복했다. 그러나 내가 알아듣는 것이라곤 오로지 그녀가 g음 높이로 아주 단조롭게 말하고 있다는 사실뿐이었다. 창문 밖에서 새 몇 마리가 노래하는 소리가 들렸다. 저음의 3도 음정이 들어간 F9 화음과 4줄 옥타브로 9도 음정을 노래했다. 무언가 음이 맞지 않는 것처럼 너무 높게 들렸다. 새들의 노랫소리가 신경에 거슬린 나머지 나는 심리상담사가 하는 말을 듣지 못했다. 신체적인 고통을 느끼고 있었다. 아래쪽 거리에서 오토바이 한 대가 G, F, D, E, Es 음높이로 달려가는 소리가 들렸다. 새들의 F9 화음에 비하면 아주 낮은 소리였다. 삐걱거리는 문소리, 수첩 뒤적이는 소리 그리고 바닥에 의자 끌리는 소리가 한데 뒤섞였고 나는 몸에서 심한 통증이 느껴졌다.

나는 정말로 물 한 컵을 부탁하고 싶었다. 하지만 침을 꿀꺽 삼키고 슬로모션처럼 천천히 눈을 깜박일 따름이었다. 손가락에 감각이 없었다. 심리상담사는 말을 중단하더니 방을 나갔다. 나는 휴대폰을 보며 기다리겠다고 말했지만 의자에 웅크리고 앉은 채 두 눈을 감았다. 잠시 후 심리상담사가 돌아왔다. 그녀는 내가 아마도 ADHS 증상을 앓고 있는 것 같다고 말해 주었다. 우울증과 번아웃 증후군 증세도 분명히 있지만 정확한 검사 결과는 조금 기다려야 알 수 있다고 덧붙였다.

나는 집으로 가는 길에 약국에 들렀지만 찾는 약이 없었다.

"저희 약국에는 그 약이 없습니다."

약사가 1점 음의 G, Gis, A와 B 사이의 비음이 섞인 목소리로 말했다. 지퍼 올리는 소리, 서랍 닫히는 소리, 아이 우는 소리 그리고 약국 문 앞에 서 있는 트럭에서 나는 소리가 뒤섞여 고막을 찔렀다. 저음 3도 음정이 들어간 장조 7의 화음이었다. 트럭의 부르릉거리는 엔진 소리가 기본음에 맞지 않아 나는 미칠 듯이 짜증이 났다.

베아타에게 필요한 약도 약국에 없었다. 다른 약국에서 구하기도 어려운 그 약이 없으면 우리 가족은 정상적인 생활이 불가능했다. 그 약이 없으면 모든 게 엉망이 되었다.

"같은 성분인데 물약 형태로 나온 게 있어요. 맛이 좀 다를 텐데 혹시 한번 시험해 보셨나요?"

약사가 묻는다.

우리는 물약 형태든 아니든 새로운 맛의 약을 시험해 본 적이 없었다. 베아타와 그레타가 물약을 마시느니 차라리 물속에서 숨쉬기를 배우는 편이 더 가능성이 높을 것이다.

"쉐르홀멘에 있는 크로난스 약국에 어쩌면 한 갑 정도 남아 있을 거예요."

약사가 다시 말했다.

하지만 나는 쉐르홀멘까지 갈 수 없었다. 그레타가 방금 전에 문자를 보냈기 때문이다. 학교 직원이 그레타의 쌀을 버렸다고 했다. 겉에 유통기한이 적혀 있는 스티커가 없었기 때문에 버린 것이다. 하지만 그레타는 신문지나 종이, 스티커가 붙은 음식은 절대로 먹을 수 없는 강박증이 있었다. 그래서 우리는 그레타가 학교에 가져가는 음식에 견출지나 스티커를 부착하지 않았다. 그 사실을 학교에 수십 차례 설명했는데도 그런 일이 발생한 것이다. 스반테는 그레타를 데리러 베리스함라로 가는 중이었고 나는 얼른 집으로 가서 재스민 쌀(향긋한 냄새가 나는 쌀로 태국이나 베트남 등지에서 주로 재배함.) 요리를 새로 해야만 했다.

하지만 그보다 약을 구하는 일이 먼저였다. 나는 그동안 여러 번 날 도와준 친구에게 전화를 걸었다. 은퇴한 의사였는데 이번에는 컴퓨터가 없어서 도와줄 수 없는 상황이었다. 나는 예전에 그가 손으로 써 주었던 처방전을 찾으려고 가방을 뒤졌다. 동전 한 무더기와 아이들의 여권, 영수증, 머리핀 그리고 분홍색인 개 배설물 처리 봉투가 손에 잡혔다. 내 손가락은 마비된 듯 무감각했고 물건들을 가방 안에 도로 넣을 때 나는 소리가 둔탁한 총소리처럼 들렸다.

새로운 문자 도착을 알리는 소리가 났다. 그 소리들이 내 귓속을 칼날처럼 날카롭게 파고들었다. 나는 가방에서 휴대폰을 꺼내 벨소리를 끄려 했지만 손가락으로 여전히 물건을 제대로 집을 수 없었다. 매번 반복되는 꿈, 전쟁터 한복판에 서 있는 스반테와 아이들에게 위험을 알려야 하는데 전화번호를 찾을 수 없거나 휴대폰 자판을 두드릴 수 없는 악몽 속에 있는 것 같았다. 손가락이 마비되어 망할 휴대폰을 도저히 잡을 수가 없었다. 턱으로 휴대폰 잠금 화면을 풀어 보려고 시도했지만 실패했다.

나는 약국에서 나와 아이들 간식을 사러 슈퍼마켓으로 들어갔다. 주변이 빙빙 돌았다. 숨을 들이쉬었지만 공기가 부족했다. 스트레스 지수가 올라가면 산소가 부족해진다. 나는 평소에는 호흡을 멈춘 채로 1분 동안 한 음을 낼 수 있지만 그 순간에는 숨을 깊이 쉴 수가 없었다. 결국 스트레스 지수는 더 올라가고 그로 인해 산소는 더 부족해졌다. 더는 제대로 된 생각을 할 수 없게 됐고, 그렇게 힘들게 버텨야만 하는 현실을 조금이라도 더 감당하고 싶지 않았다.

쇼핑센터 앞 보도에 우두커니 서 있었다. 겉으로 드러나지 않은 내 모든 핸디캡이, 눈에 보이지 않는 내 문제들이 끔찍할 정도로 지긋지긋했다. 차라리 뼈가 부러져서 아프거나 심한 폐렴에 걸려 몇 주간 입원하는 편이 나을 것이다. 적어도 잠은 잘 수 있을 테니까. 숨을 쉴 수도 있고 휴식할 수도 있을 테니까.

죽은 시인의 사회

우리도 한때는 시간 날 때마다 그물과 낚싯바늘을 챙겨 들고 물고기를 잡으러 다니던 시절을 보냈다. 하지만 지금은 끊임없이 자아실현과 자기계발 그리고 모험을 추구한다. 정 물고기를 잡고 싶을 때는 저인망으로 해저를 한번 훑으면 된다. 이제 우리가 못할 것은 아무것도 없다. 한계는 어디에도 없다.

"베네치아와 몰디브 그리고 세이셸군도가 바다에 가라앉고 있습니다. 빙하가 녹고 열대우림은 벌목으로 황폐해지고 바싹 마른 캘리포니아는 불타고 있습니다. 기후변화로 위협받는 이 멋진 장소들이 완전히 사라져 버리기 전에 아름다운 경치들을 감상하세요!"

이런 글이 진짜로 있다니 믿기지 않는다. 세태풍자 글에서나 볼 수 있을 법한 문장이다. 그러나 알다시피 풍자보다 더 심한 게 바로 현실이다. 위에 인용한 문구는 실제로 2018년 〈스벤스카 다그블라뎃〉 신문의 여행면 첫 페이지를 장식했던 글이다. 기후 관광은 대단히 현실적인 현상으로, 수많은 외진 곳에 사는 사람들에게 무시할 수 없는 수입을 제공한다. 예를 들어 카리브해의 벨리즈 산호초 보호지역과 오스트레일리아의 그레이트배리어리프(오스트레일리아 북동부 퀸즐랜드 주의 해안을 따라 발달한 세계 최대의 산호초 지대), 눈 덮인 킬리만자로 그리고 남극지방이 바로 그런 장소들이다.

너무 늦기 전에 꼭 보세요!

1989년 영화 〈죽은 시인의 사회〉에서 로빈 윌리엄스가 학생들에게 '카르페 디엠'(고대 로마의 시인 호라티우스의 라틴어 시 구절로 흔히 '오늘을 즐기라'고 인용됨. 영화 〈죽은 시인의 사회〉에서 존 키팅 선생 역을 맡은 로빈 윌리엄스가 학생들에게 알려준 경우로 유명함.)의 의미를 알려 주었을 때 거의 한 세대가 모두 화면 앞에 앉아 그를 지켜보았다. 그는 좋은 교사였고 우리는 그 말을 곧바로 실천하는 훌륭한 학생들이었다. 베를린 장벽이 무너지고 국경이 활짝 열렸으며 세계는 매순간 크기가 줄어들었다. 비행기 표 가격은 떨어지고 생활수준은 향상되었으며 주말여행은 더 이상 돈 많은 소수만 누릴 수 있는 특권이 아니다. 물론 누구나 10월의 아무 주말에나 맨해튼으로 날아가 쇼핑을 즐길 만큼 여유가 있는 것은 아니지만 가능한 사람들도 꽤 많아졌다. 스웨덴이 혹한에 시달릴 때 모두가 아시아 남동부 해변에 한가롭게 누워 있을 여유는 없지만 이 또한 가능한 사람들이 상당히 많아졌다.

1989년 가을, 〈죽은 시인의 사회〉를 보고 극장 밖을 나오면서 예상보다 훨씬 많은 사람들이 로빈 윌리엄스의 말을 삶의 지침으로 삼았다. 그가 충고한 대로 우리는 세계 곳곳을 여행하면서 '카르페 디엠'을 실천했다. 그리고 단지 하루만 즐기지 않았다. 한 주 전부, 아니 몇 달, 혹은 몇 년을 즐겼다. 일몰을 바라보며 마시는 이국적인 음료나 덴마크식으로 꾸민 주방 또는 북유럽 산악 지방에서는 살 수 없는 멋진 구두를 찾아다니느라 모두가 바쁘게 살고 있다.

현실은 항상 풍자를 넘어서는 법이다.

와플 시식 소동

그레타의 체중 그래프가 상승 곡선을 그리게 된 지 1년이 넘었다. 그레타는 매일 똑같은 것을 먹었다. 그레타는 점심으로 팬케이크 두 개와 익힌 쌀을 직접 전자레인지에 데워서 먹었다. 소스도 끼얹지 않고 아무것도 곁들이지 않은 채, 버터나 잼도 바르지 않고 먹었다. 그레타는 아무것도 가미되지 않은 순수한 상태라야 먹었다. 그만큼 맛과 냄새에 아주 민감했다. 저녁에는 파스타 면과 감자 두 개, 아보카도 한 개가 식사 메뉴였다.

그레타는 절대로 새로운 음식을 입에 대지 않았다. 하지만 다양한 종류의 음식 냄새를 맡는 일은 무척 좋아했다. 상태가 최악이었을 때는 식료품을 살펴보면서 포장 용기를 하나씩 들고 냄새를 맡느라 몇 시간씩 보내곤 했다. 우리가 가끔 외식을 하는 날이면 그레타는 레스토랑의 샐러드 바나 뷔페 테이블 음식들의 냄새를 맡곤 했다. 뷔페 테이블이 없는 경우에는 무언가 다른 것을 찾아냈다.

날씨가 좋은 어느 날, 슈퍼마켓 시식 코너 직원이 생크림과 잼을 바른 와플을 맛보라고 권했다. 그레타가 맛보기용 작은 와플 열 개가 진열된 테이블로 가더니 하나하나 냄새를 맡기 시작했다. 그레타가 생크림에 코를 박지나 않을까 걱정될 정도로 바짝 다가가 와플 냄새를 다 맡고 나자 직원이 이렇게 말했다.

"냄새를 맡았으니 이 와플은 네가 전부 먹어야 한다."

직원의 말에 그레타의 몸이 경직되었다. 나는 재빨리 직원에게 말했다.

"우리 아이는 아스퍼거 증후군을 앓고 있어요. 그리고 선택적 함묵증이 있어서 식구들하고만 얘기를 한답니다. 이 와플은 섭식 장애가 있어서 먹을 수 없어요. 냄새 맡는 걸 좋아할 뿐이에요."

나는 최대한 친절하게 그리고 미안한 마음을 담아 설명했지만, 직원의 표정은 부드러워질 기미가 전혀 없었다.

"그럼 어머니가 드셔야겠네요."

직원이 짧게 말했다.

"정말 죄송해요. 다시는 이런 짓 못 하게 하겠습니다."

나는 쩔쩔매며 사과를 했다.

"어머니가 드셔야겠어요."

직원이 이번에는 아주 단호한 음성으로 같은 말을 반복했다. 나는 어쩔 수 없이 생크림과 잼을 바른 작은 와플 열 개를 꾸역꾸역 삼킬 수밖에 없었다. 그동안 그레타는 직원, 나 그리고 놀

란 얼굴로 구경하던 다른 손님들에게서 멀찌감치 떨어져 기다
리고 있었다.

　우리는 플레밍가탄 거리로 나왔다. 내가 쳐다보자 그레타는
고개를 돌렸다.

　"왜요? 냄새를 맡을 수도 있는 거죠."

　그레타가 작은 목소리로 투덜댔다.

동반 자폐증

"자폐증 진단을 받은 아이들의 부모는 그 증상에 휩쓸리지 않도록 주의해야 합니다. 일종의 동반 자폐증을 앓게 될 위험이 있으니까요. 아이의 자폐증에 너무 큰 비중을 두면 문제가 더 심각해집니다."

이런 친절한 설명에 고맙다고 해야 할까. 사람들은 우리가 자폐증이라는 병명이 단지 병명에 불과할 뿐이라는 사실을 깨닫기 훨씬 이전에 이런 경고를 해 주었다.

우리는 이 문제와 관련하여 종종 언쟁을 한다. 나는 모든 것에 도전하는 스타일로 사태를 직접 탐구하고 끝까지 파헤치는 편이다. 그것도 당장. 반면에 스반테는 충분히 시간을 두고 사태 추이를 지켜보자는 입장이다. 우리를 면담했던 심리학자들 말로는 자폐증 진단을 받은 아이들의 가정 대부분이 우리와 비슷한 상황이라고 한다. 소위 말하는 동반 자폐증에 대해서 우리는 너무나 잘 알고 있다. 솔직히 아이의 자폐증에 휩쓸리지 말아야 한다는 심리학자들의 충고에도 동의한다. 하지만 그들의 말을 이해하고 싶지 않을 때가 더 많다. 이론 따위는 무시해 버리고 싶을 때가 한두 번이 아니었다.

그렇게 하면 우리에게 닥친 문제를 더 잘 해결할 수 있어서가 아니다. 다만 부모로서 아이와 함께하는 것이 옳고, 사회의 요구에 맞춰 행동하는 게 오히려 잘못된 경우를 많이 봤기 때문에 우리는 아이의 자폐증에 적응할 뿐이다.

째깍째깍,
우리에게 남은 시간

흑백논리로는 아무것도 명백하게 설명할 수 없다. 세상은 너무 복잡하다. 언제나 여러 가지 다양한 진실이 존재할 수 있고, 열린 사회에서는 사람들에게 그 모든 진실에 귀 기울일 수 있는 기회가 주어져야 한다.

서구 사회 민주주의의 바탕이 되고 있는 '불편부당(아주 공평하여 어느 쪽으로도 치우침이 없음.)'은 확실히 기가 막히게 훌륭한 원칙이다. 물론 예외는 있다. 실제로 여러 개의 진실이 있지 않고, 흑백논리나 양자택일로만 설명되는 몇몇 경우가 그렇다. 마치 죽느냐 사느냐의 문제처럼 말이다. 또는 흑과 백의 중간인 회색지대에 지나치게 많은 위험요소가 있어 건전한 이성적 판단으로 회색지대를 밟는 일은 완전히 제외해야 하는 경우가 있다.

기후 위기와 지속 가능성 위기는 절대로 간단한 문제가 아니다. 그럼에도 불구하고 많은 관점에서 볼 때 결국 양자택일의 문제다. 왜냐하면 파리기후협정에서 채택한 섭씨 2도 목표를 달성해 인간이 통제할 수 없는 엄청난 재난의 연쇄반응을 막거나 그렇게 하지 못하거나 둘 중 하나이기 때문이다. 이 문제는 더 말할 나위 없이 분명하게 회색지대가 없는, 흑과 백으로 나뉘는 문제다. 게다가 섭씨 2도의 목표를 달성하기까지 우리에게 남은 시간을 측정하는 시계가 설치되어 있는데, UN의 공식적인 기록에 의하면 지금 이 순간 남은 시간은 정확히 18년 157일 13시간 33분 16초다. 그리고 권위 있는 과학자들의 의견에 따르면 우리가 섭씨 2도의 목표를 달성할 가능성은 지금 이 순간 겨우 5퍼센트에 불과하다.

가부장적인
사회구조

베아타는 체육 수업을 더는 받고 싶어 하지 않는다. 딱딱한 공을 던져야 하고 공에 맞으면 아프기 때문이다. 그리고 오직 이기는 것만을 목표로 하는 경기를 해야 하기 때문이다. 남자 아이들이 좋아하는 그 경기에서 아이들은 서로 밀치고 소리를 지른다. 체육 수업의 목적은 신체 운동인데 왜 춤을 추면 안 되는지 베아타는 이해할 수 없었다.

베아타는 기술 수업도 싫어한다. 모든 기계를 몸서리칠 정도로 무서워하기 때문이다. 쉬는 시간에 카드 게임을 하는 것도 싫어한다. 베아타의 카드 게임에서는 퀸이 킹을 이기도록 되어 있는데, 아이들은 하나같이 그 규칙이 이상하다고 여기기 때문이다.

"왜 항상 남자애들이 여자애들보다 더 인정을 받나요? 남자애들이 우스운 얘기를 하면 왜 다들 웃어야 하는데요? 다른 아이들이 봐 주고 들어 주는 게 왜 그렇게 중요하죠? 아이들에게 주목받고 아이들이 귀 기울여 주는 대상은 결국 언제나 남자애들인걸요."

베아타는 자신이 납득하기 어려운 일들을 내게 묻는다.

"엄마, 대체 왜 그런 거예요?"

나는 한숨을 쉬며 대답한다.

"사회의 가부장적인 구조 때문이란다."

모스크바 프라이드

2009년 러시아에서 개최된 유로비전 송 콘테스트 결선 몇 시간 전, 모스크바 시내에서 프라이드(모스크바에서 성소수자들의 권리 인정을 요구하며 길거리를 행진하는 데모로 2006년에 처음 열렸음.) 행진이 시작되었다. 눈부시게 좋은 초여름 날씨였다. 대회에 참석한 우리 예술가들은 강당에 앉아 공영방송 채널로 시내에서 일어나는 일을 지켜보고 있었다. 최종 리허설이 막 시작되려는 찰나 러시아 경찰이 행진을 중단시키고 80여명의 참가자를 경찰서로 연행했다는 소식이 들려왔다. 무대 뒤에서는 온통 그 얘기뿐이었다.

"모스크바 프라이드 행진은 사회의 도덕성을 타락시킵니다." 라고 사건을 담당하는 공무원이 말했다.

강당에서 강제로 끌려 나간 사람들도 있었는데, 유로비전 송 콘테스트를 보러 온 관중이었다. 나로서는 그들을 지지하고 러시아 정부에 대해 혐오감을 표현하는 게 당연했다. 나는 "러시아는 수치스러워 해야 합니다."라고 당당하게 견해를 밝혔다.

기본적인 인권을 요구하기 위해 거리로 나섰다는 이유만으로 일부 관중이 체포되었는데, 나는 그 사태를 바라보며 유로비전 송 콘테스트를 열 수는 없다고 생각했다. 하지만 내 예상은 완전히 빗나갔다.

유로비전 송 콘테스트 결선 참가자 가운데 체포된 사람들에 대한 지지를 표명한 사람은 스페인 대표와 나뿐이었다. 나머지 참가자들은 모두 모르겠다는 태도로 일관하거나 무관심한 태도를 보였다. 그들은 하나같이 입을 모아 "유로비전 송 콘테스트에 정치가 개입되어서는 안 됩니다."라고 말했다. 그들은 마치 사랑하는 사람을 사랑할 수 있는 권리가 정치적인 문제라도 되는 것처럼 말했다. 심사위원들은 스페인 대표에게 최하점을 주었고 나는 끝에서 세 번째 점수를 받았다. 그렇게 해서 모스크바의 화창한 토요일은 정말 기분 나쁜 날이 되어 버렸다.

대회가 끝나자 나를 위해 대절한 관광버스 안에서 스웨덴 언론의 기자회견과 독점 인터뷰가 기다리고 있었다. 나는 그다음 날 스톡홀름의 왕립 오페라극장에서 '신데렐라'를 부르기로 되어 있었다. 나는 빨리 스톡홀름으로 돌아가고 싶었다. 아이들이 있는 집으로 돌아가고 싶었다.

"너무 슬퍼하지 마세요."라며 다들 나를 위로했다. 누군가는 "버스가 사진기자들의 시야를 벗어날 때까지는 눈물을 참으세요."라고 했고, 또 다른 누군가가 "실망감을 내비치면 안 됩니다."라고 덧붙였다.

나는 사람들이 요구하는 대로 하려고 온 힘을 다했다. 그 순간만큼은 동성애자를 감금하는 독재국가에 와 있다는 사실이 중요하지 않았다. 실패자로 조명 받지 않아야 한다는 사실이 중요했다. 그리고 울지 않는 것이, 약점을 보이지 않는 것이 중요했다.

SNS에서 벌인
설전

"아니, 답을 하지 마. 안 그러면 저녁 내내 너 같은 아이를 격분하게 하려고 특별히 프로그래밍된 러시아 로봇을 상대하게 될 거야."

그레타가 자신의 인스타그램에 있는 동물보호 계정에 로그인했다. 그리고 가장 싫어하는 상대들을 가장 즐겨 쓰는 논리로 공격했다. 그레타가 가장 싫어하는 상대란 기후 위기를 부인하는 사람들과 기술 낙관주의자들이다. 그리고 무엇보다, 새롭고 이국적인 레시피를 찾아 세상을 구하겠다며 정기적인 장기 비행을 감행하는 완전 채식주의자(동물성 식품의 섭취뿐 아니라 동물성 원료로 만든 제품도 사용하지 않는 사람들. 우유를 비롯한 유제품과 달걀을 섭취하는 채식주의자인 베지테리언과 구분하여 '비건'이라고 부름.)들을 싫어했다. 그레타는 만족스러워 보였다.

"됐어요. 이제 알아들었겠죠!"

그레타는 속이 시원하다는 듯 두 눈을 크게 떴다.

"답을 하지 않는 게 낫다니까. 다 시간 낭비야. 뭐라고 썼니?"

스반테가 물었다.

"미국 조종사예요. 동물의 권리를 보호하기 위해서 채식주의자가 되었대요. 동물들한테도 오염되지 않은 대기가 필요하다는 사실은 모르나 봐요. 게다가 기후 위기가 닥친 건 인구가 너무 많아서라고 주장하더라고요."

"그래. 늘 하던 대로 답장을 썼니?"

"음."

그레타는 대답을 얼버무리면서 씩 웃었다.

그레타는 몇 개의 답을 스웨덴어와 영어로 작성했다. 그중 하나는 지속적인 쟁점으로 등장하는 인구과잉 문제에 대한 것이었다.

"사람들이 문제가 아니라 우리의 이산화탄소 배출이 문제입니다. 부유한 사람일수록 이산화탄소를 더 많이 배출합니다. 자원을 아끼기 위해서 인구가 줄어야 한다는 입장이라면 억만장자들을 없애자는 캠페인을 시작해야 합니다. 캠페인 내용은 이렇게 하면 되겠네요. '빌 게이츠를 살해하고 기업의 오너와 유명 배우들이 자녀를 낳지 못하도록 합시다!' 하지만 국제연합 기구가 그런 결의를 채택하기는 어려울 테니 대신에 그들의 이산화탄소 배출량을 줄이라고 권하겠습니다. 아니면 가난한 나라의 여자아이들이 교육받을 수 있게 지원해 주든지요. 그것이 인구과잉을 막을 가장 효과적인 방법이 아닐까 생각됩니다."

"뭐라고 답이 왔니?"

내가 물었다.

"아무것도 안 왔어요."

그레타가 대답했다.

"잠깐만요…… 저를 차단했어요."

그레타가 큰 소리로 웃음을 터뜨리자 깜짝 놀란 록시가 소파에서 풀쩍 뛰어내려 짖기 시작했다.

좌초된 오만

우리는 지금 역사적으로 유례없는 사회적 대변혁을 앞두고 있다. 하지만 끊임없이 성장만 추구하던 사회를 뒤로 하기란 말이 쉽지 실행은 훨씬 어려운 법이다. 그동안 성장을 추구한 덕분에 지금 우리는 수많은 혜택을 누리고 있고, 많은 사람들이 가난과 불행으로부터 구제될 수 있었다. 그리고 여전히 우리는 성공 신화에 도취되어 있다. 우리를 기아와 궁핍으로부터 해방시키고 달 착륙과 24시간 제공되는 오락, 양지바른 실버타운으로 이끌어 주었다고 믿기 때문이다.

불과 삼 세대를 거치는 동안 우리의 삶은 궁핍으로 고통받던 상태에서 100세 수명을 누리는 시대로 급속히 전환되었고, 그 결과 우리 사회에는 교만과 근시안적인 태도가 만연하게 되었다. 우리의 현재 상황은 마치 외딴 섬 연안에 좌초된 채 1년 버틸 식량을 한 주 만에 다 먹어치우는 상황과 비슷하다. "기술의 힘을 믿으세요. 누군가 분명 해결책을 찾을 겁니다."라고 모두가 이구동성으로 외친다. 그러면서 한편으로는 상수원에 쓰레기를 투척하고, 밤새 추위에 떨지 않으려고 구명보트를 땔감으로 쓴다.

"단 한 번뿐인 인생입니다. 마음껏 즐기세요!"

우리가 가난을 탈피할 수 있었던 것은 사회계층 간 격차를 줄이고 제도적인 해결책을 마련했으며 휴머니즘을 기반으로 하는 사고방식이 확산되었기 때문이다. 우리가 지금껏 평등을 향해 조금씩 열었던 문은 어느새 슬그머니 닫히고 있는 중이다. 계층 간의 격차는 다시 커지고 있으며 자원은 고갈되어 간다. 현재 우리는 우주 속 외로운 섬 연안에 좌초되어 있다.

모든 문을 열 수 있는
열쇠

"오케이, 이제 됐어요."

그레타가 말했다. 봄날의 햇살을 받으며 우리는 잉가뢰 섬에 함께 모여 앉아 지금 쓰고 있는 책에서 정말 전달하고 싶은 내용이 무엇인지를 분명하게 표현하기 위해 고심하는 중이다.

"페미니즘이 문 밖에서 발을 구르고 있습니다. 안으로 들어가고 싶어서 화가 났지요. 문 안으로 들어가야만 계속 나아갈 수 있는데 한 발짝 떨어진 곳에서 다른 움직임들이 있는 까닭에 어려워요. 휴머니즘과 인종차별 반대 운동, 동물권리 보호 운동 그리고 난민 구호 활동가와 정신 질환이나 사회계층 간 경제적 격차에 맞서 싸우는 사람들이죠. 그들 모두 문 앞에 서서 안으로 들어가려고 합니다. 기후 운동은 모든 문을 열 수 있는 열쇠인데, 아무도 기후 운동에 도움을 주지 않아요. 각각의 운동에 참여한 사람들은 자존심이 지나치게 강하거나 너무 가까이에 해답이 있어서 잘 알아차리지 못하니까요. 아니면 기후 문제에서 요구하는 대로 행동하려면 자신들의 특권을 포기해야 하는데 그러고 싶지 않은 거죠."

"좋아."

스반테가 말했다.

"방금 말한 걸 한 자도 빼지 말고 정확하게 반복해 보렴. 내가 그대로 받아 적을 테니."

가면을 쓴 그린워싱

영국의 리서치 기업인 인플루언스 맵이 최근 발표한 자료에 따르면 세계적으로 영향력이 큰 로비 단체 50개 가운데 44개가 기후 정책에 적극적으로 반대하는 활동을 펼치고 있다고 한다. 생각해 보면 충분히 이해가 가는 일이다.

우리는 지속 가능성 위기를 타개하는 데 전적으로 기업들의 활동에 의존하고 있으나 그렇다고 기업에 모든 책임을 떠넘길 수는 없다. 그것은 정당하지 않고 적절하지도 않다. 기업의 주요 과제는 이윤을 창출하는 것이지, 세상을 구하는 일이 아니기 때문이다. 그런 이유로, 이윤 창출과 세상 구제라는 두 가지 상반되는 목표가 결코 상호충돌하지 않는다는 주장은 항상 기만적일 수밖에 없다. 바로 그 지점, 듣기 좋은 말을 늘어놓는 것과 실제 행동 사이에서 우리는 그린워싱(기업이 표면적으로만 친환경 경영을 표방해 경제적 이익을 보는 행위. 대개 상품의 친환경적 특성을 과장 광고하거나 허위로 꾸미는 방식으로 부당한 이익을 취함. 마치 친환경적Green인 것처럼 세탁Washing한다는 뜻으로 우리말로는 '위장 환경주의'라고 함.) 현상과 마주친다. 기업의 경영 방식, 혹은 새로운 기술이라는 이름으로 위장한 전략이다.

캐나다 작가이자 사회운동가인 나오미 클라인(기업의 세계화와 자본주의에 대한 정치 분석과 비판으로 유명함.)이 대기업 항공사 소유주이며 수십억 달러의 자산가인 리처드 브랜슨의 활동에 대해 쓴 글은 그린워싱 현상의 위선을 가장 적나라하게 보여 주었다.

브랜슨은 약 15년 전 개인적인 자리를 만들어 앨 고어(미국의 정치가 겸 환경 운동가. 1993년부터 2001년까지 제 45대 부통령으로 재직하였으며 2007년 기후변화에 관한 정부 간 패널과 함께 노벨평화상을 공동 수상했음.)로부터 기후 위기에 대한 프레젠테이션을 받았다. 브랜슨은 프레젠테이션 내용에 깊은 감명을 받았는지 2007년 기자회견을 자청한 자리에서 자신의 기업이 향후 10년간 친환경 비행 연료 개발에 30억 달러를 투자할 계획이라고 밝혔다. 브랜슨은 자신의 기업이 매우 많은 이산화탄소를 배출하면서 막대한 수익을 거두고 있으므로, 당연히 회사의 수입과 앞으로의 기대 수익 일부를 항공 사업으로 인한 기후 위기를 해결하는 데 사용하겠다고 했다. 그뿐만이 아니었다. 대기 중 이산화탄소 농도를 어떤 방법으로 얼마나 낮출 수 있는지 제시하는 기술을 발명하는 사람에게 2천 5백만 달러를 지급하겠다는 약속을 하기도 했다.

참으로 대단한 소식이었다. 해외 공연 때문에 직업상 비행기를 빈번하게 탈 수밖에 없는 나 같은 사람들에게만 해당하는 소식이 아니었다. 모든 사람들이 갑자기 기후 문제가 해결될 것처럼 느꼈을 것이다. 물론 개인 기업의 단독 행동이긴 했지만 브랜슨의 말처럼 그렇게 쉬운 일이었다면 각국 정부는 물론이고 다른 다양한 분야에서도 적극 동참할 가능성이 컸기 때문이다. 무척 안심되는 좋은 소식이었다. 해결책이 생겼다는 생각까지 들었다.

문제는 브랜슨이 지속 가능성의 요구 조건을 만족시킬 만큼 친환경적인 연료를 발견하지 못했다는 사실이다. 그는 애초의 목표에 가까이 가지도 못했다. 가장 좋은 해결책으로 등장한 것은 바이오 연료(식물 재료와 동물 배설물 같은 생물량에서 얻을 수 있는 연료. 가장 많이 생산되고 있는 액상 바이오 연료는 에탄올로 녹말이나 설탕을 발효시켜 만들며 또 다른 액상 바이오 연료인 바이오디젤은 주로 콩이나 기름야자나무 같은 식물류로 만들어짐.)였다. 하지만 바이오 연료도 필요한 양만큼 생산하기에는 삼림과 경작지가 충분하지 않다는 단점이 있다. 원시우림은 이미 벌목이 많이 진행되었고, 스웨덴이나 핀란드 또는 러시아처럼 삼림 면적이 넓은 나라는 그다지 많지 않다.

그뿐만 아니라 바이오 연료는 가격이 비싸다. 게다가 경작지를 바이오 연료 생산에 사용하는 일은 식량 생산이라는 경작지 본래의 목적과 부딪힌다. 특히 전 세계 인구의 85~90퍼센트에 이르는 사람들이 평생 한 번도 비행기를 타 본 적이 없다는 점을 고려하면, 비행 연료를 확보하기 위해 경작지를 사용하는 일은 도덕적인 갈등을 불러일으킨다. 친환경 비행 연료 개발에 투자하겠다던 브랜슨의 투자액은 결국 30억 달러에서 2억 3천만 달러로 축소되었다. 그 대신 브랜슨은 이듬해에 항공사를 세 개 더 설립하고, 포뮬러 원(운전석 하나에 바퀴가 겉으로 드러난 오픈휠 형식의 포뮬러 자동차 경주 중 가장 급이 높은 자동차 경주 대회)에 후원을 시작 했다. 브랜슨이 내걸었던 2천 5백만 달러의 상금은 아직까지 아무도 타지 못했다.

  '녹색 비행' 혹은 '친환경 비행'은 도널드 트럼프의 '청정 석탄' (도널드 트럼프 정부가 2018년 8월에 발표한 새로운 적정 청정 에너지법은 화력발전소 건설을 허용하고 가동에 대한 규제도 완화시켰음. 이에 대하여 트럼프 대통령은 자신의 트윗에 "웨스트버지니아를 위해 많은 일을 했다. 청정 석탄!"이라고 썼음.)이나 소위 말하는 이산화탄소 포집과 저장(Carbon Capture and Storage. 약자로 CCS 이며 지구온난화의 원인 물질인 이산화탄소가 대량으로 대기로 배출되기 전에 고농도로 모은 후 압축 수송해 저장하는 기술)과 비슷한 말이다. 이 말은 듣기에는 그럴싸하지만 제때 기능을 발휘하지 못할 것이다. 물론 기후 위기의 급박성을 감지하지 못하는 기업들은 그 말을 내세우고 있지만 심각성을 모르고 하는 소리다. 기업들은 우리가 그들이 만든 친환경 제품을 구매하는 한 기후 문제를 해결할 방법을 찾을 수 있다고 장담하고 있다.

지구 환경을 구할
신기술을 꿈꾸며

눈부신 겨울날이었다. 우리는 얼음이 언 호수에 나와 있었다. 그레타에게 사 준 중고 스키를 처음으로 타 보는 날이었다. 베아타는 함께 가기 싫다며 집에 남았다. 베아타는 혼자 남아 집을 콘서트장으로 꾸민 후 노래하고 춤추며 연기 연습하는 걸 좋아했다. 그럴 때 베아타는 기분이 가장 좋았다. 우리 작은 딸은 언젠가 유튜브 방송을 하기 위해서 여러 가지 소재들을 모으는 중이었다. 베아타는 "하지만 아무리 빨라도 2년은 지나야 할 거예요. 정말 좋은 방송을 만들어야 하거든요."라고 말하곤 했다. 그래서 우리는 베아타를 집에 두고 종종 셋이서만 외출했다.

스반테가 얼음 위를 먼저 미끄러져 갔다. 그레타와 나는 모세스와 록시의 목줄을 하나씩 잡고 있었다. 신나게 달리는 모세스와 록시의 속도는 엄청나게 빨랐다. 우리는 넘어지지 않으려고 가까스로 버티면서도 엄청난 속도감과 얼굴을 때리는 바람 때문에 비명을 지르고 웃음을 터뜨렸다.

우리는 잉가뢰 섬 정상에 있는 자연보호 구역인 브쵀르뇌 방향으로 갔다. 단단하게 언 눈과 반짝이는 두꺼운 얼음으로 덮인 호숫가와 암벽을 스치고 지나갔다. 호수 앞쪽에 도착한 후 우리는 햇볕이 내리쬐는 작은 다리에 걸터앉아 가져온 오렌지를 먹었다. 스반테가 껍질을 까면 나는 먹고, 그레타는 냄새를 맡았다. 툰베리-에른만 가족의 행복한 나들이였다.

조금 떨어진 곳에 나들이를 나온 세 가족이 보였다. 사륜구동 바이크를 탄 어른들이 아이들에게 타는 법을 가르치고 있었다. 아이들이 탄 소형 바이크마저 석유 제품인 벤진으로 움직이는데, 세 가족 구성원 모두 각각의 바이크를 몰고 있었다. 그레타가 "보세요. 가족 모두 벤진으로 움직이는 바이크를 타고 있네요. 멋지지 않아요?"라고 비꼬듯이 말했다. 그 말을 듣고 웃음이 터져 나오는 바람에 내 입안에 있던 오렌지 조각이 튀어나왔다. 아이들은 잘해야 예닐곱 살 정도로 보였다. 아이들의 부모가 다음 여름에는 아이들에게 제트스키 타는 법을 가르치고 함께 경주하며 놀아 줄 것처럼 보였다.

"저런 사람들이 여기 있다니, 좋네요. 버스를 타고 온 사람들이나 전기차를 구입하느라 큰돈을 쓴 사람들과 균형이 맞겠어요."

그레타는 이렇게 말하더니 스키 신은 발을 까닥거리며 씁쓸한 미소를 지었다.

친환경 기술을 받아들여 전기차를 구입하거나 태양전지(태양의 빛에너지를 전기 에너지로 전환하는 장치)와 파워월(일반 가정의 벽에 붙여 사용하는 가정용 전기 배터리 저장 장치. 태양광 패널에 연결해 낮 동안 충전된 전기를 밤이나 비상시에도 사용할 수 있도록 만들어졌음.)을 설치하는 사람들은 이 기술들이 문제 해결에 도움이 되지 못한다는 사실을 깨닫게 된다. 왜냐하면 이산화탄소 배출량을 줄이기 위해서는 신기술 도입보다 우리의 생활습관을 바꾸는 일이 더 중요하기 때문이다.

사실 우리에게는 이 두 가지 모두 필요하지만, 우리가 대기 중 이산화탄소를 빨아들일 수 있는 진공청소기나 타임머신을 기다리는 한 우리에게 꼭 필요한 것 두 가지가 더 있다. 바로 획기적인 기후 정책과 그에 입각한 법안이다. 왜냐하면 전기차를 구입하는 사람이 한 명 있으면 반드시 새 제트스키를 구입하는 사람도 한 명 있을 것이기 때문이다. 한쪽에는 버스를 타기 시작하는 사람이 있는가 하면 다른 한쪽에는 벤진 연료를 쓰는 SUV 차량을 사는 사람이 있다. 채식주의자가 되는 사람이 있는 반면 아르헨티나에서 들여온 쇠고기를 즐기는 사람이 있다. 한편에서는 비행기 타기를 포기하는 사람이 생기고 다른 한편에서는 마드리드로 주말여행을 떠나는 사람이 생긴다. 소비자의 힘이 여론을 형성하는 데 도움이 되기는 하지만 결코 궁극적인 해결책은 될 수 없는 것이다.

2년 전 우리 단지 주차장에 전기차 충전소가 설치되었다. 그래서 우리 가족은 오래된 자동차를 전기차로 바꿨다. 60가구

가운데 전기차로 교체한 집은 우리 집을 포함해서 단 두 집뿐이었고, 한 집은 수소차를 구입했다. 그 후 2년간 주차장에는 새 차가 많이 눈에 띄었는데 그중 전기차는 단 한 대도 없었다. 수소차도 보이지 않았다. 우리가 지붕에 설치한 태양전지의 경우도 마찬가지다. 우리가 태양전지를 설치한 지 2년이 지났고, 그동안 입이 마르도록 신기술을 칭찬했지만 아무도 동조하지 않았다. 그리고 이런 사정은 당연히 지구상의 다른 곳 대부분이 비슷할 것이다.

이산화탄소 배출을 줄일 방법은 분명 있으며 아주 효과적이다. 태양과 바람 같은 재생 에너지원 덕분에 우리에게는 최대한 빨리 화석연료와 작별할 기회가 주어졌다. 모든 게 진행 중이지만 그에 대한 투자는 천천히 그리고 느릿느릿 이뤄질 것이다.

사람들은 언젠가 신기술이 기후 위기로부터 우리를 구할 것이라고 믿고 있지만 에너지 회사들이 신기술 개발에 제동을 걸고 있다. 개발을 촉구해야 할 개인들은 신기술을 믿지 않는 것처럼 보인다. 아니, 좀 더 정확하게 말하면 신기술이 우리를 구해야 한다는 사실을 믿지 않는 것 같다.

그날 툰베리-에른만 가족은 얼음판을 떠나 바람과 맞서며 집으로 돌아갔다.

그레타의 독백

그레타가 주방 바닥에 앉아 있었다. 그레타는 낡은 빗으로 모세스와 록시의 털을 아주 꼼꼼하게 빗겨 주었다.

"처음으로 기후와 온실효과(지구가 태양으로부터 받은 복사에너지를 지구 복사에너지로 반사시킬 때 온실가스의 영향으로 일부가 우주로 방출되지 않고 지구 대기에 머물게 되며 그 결과 지구 표면의 온도가 점차 상승하게 되는 현상)에 대해서 들었을 때가 아직도 생생해요."

그레타가 말을 꺼냈다.

"그 이야기들이 사실일 리가 없다고 생각했던 것도 기억나요. 사실이라면 그 얘기 말고는 할 얘기가 없을 정도로 중요할 테니까요. 그런데 그 문제에 관해서 얘기하는 사람이 아무도 없었거든요."

"이 세상을 구하는 건 너희 세대가 될 거야."

내 말에 그레타는 코를 찡긋거렸다. 친정아버지도 생전에 늘 코를 찡긋거리셨다. 아버지는 아스퍼거 증상이 없었지만 특유의 차분하고 단호한 태도로 한평생을 사셨다. 두 사람은 웃음이 날 정도로 비슷하다.

그레타가 내 말에 대꾸했다.

"선생님들도 똑같이 말씀하세요. 너희 세대가 이 세상을 구할 거다. 너희가 우리 세대의 잘못을 바로잡아 모든 것을 올바르게 돌려놓을 거다. 이렇게 말씀하시면서 휴가철이면 비행기를 타고 놀러 가시죠. 너희가 세상을 구할 거다. 감사합니다, 잘 들었어요. 하지만 어른들도 좀 도와주시면 좋겠네요."

그때 모세스가 멀찍이 떨어진 양탄자로 옮겨 가 편안한 자세로 드러누웠다. 그레타가 모세스 곁으로 자리를 옮긴 후 말을 계속했다.

"하지만 엄마, 저 같은 아이가 어떻게 세상을 구하겠어요? 저 같은 아이의 말에는 아무도 귀를 기울이지 않는걸요. 하긴 어쩌면 지식을 쌓을 수도 있겠네요. 그런데 그래 봤자 아무 소용이 없을 거예요. 과학자들을 보세요. 과학자가 말해도 사람들은 관심이 없잖아요. 그리고 설령 그런들 무슨 상관이 있겠어요? 기업들이 홍보 전문가를 고용해 미국의 아주 비싼 미디어 트레이닝 과정에 보내고 훈련을 받은 그 전문가들은 방송에 나와서 나무를 모두 베는 것도, 동물을 모두 죽이는 것도 절대로 잘못된 일이 아니라고 주장하니까요. 과학자들이 반박해도 사람들은 듣지 않아요. 기업들이 이미 나라의 절반을 자기들에게 유리한 광고로 도배해 버렸거든요. 진실이 이제는 돈을 주고 살 수 있는 상품이 되어 버렸기 때문에요."

계단 승강기가 움직이는 소리에 모세스가 고개를 들었고 그 레타의 시선도 따라 움직였다.

"어른들은 오직 사회적인 능력과 멋진 외모, 돈이 전부인 세 상을 만들었어요. 우리가 세상을 구하기를 원한다면 어른들이 우선 몇 가지를 바꿔야 해요. 지금 같은 세상에서는 남들과 조 금이라도 다르게 생각하는 사람들, 남들이 생각하지 못하는 것 을 생각하는 사람들이 금세 망가져 버릴 테니까요. 밖에서 따 돌림을 당하거나 아예 집에만 머물거나 둘 중 하나겠죠. 아니면 저처럼, 가르칠 선생님이 없는 특수학교에 가게 되거나요."

그레타는 나를 향해 몸을 돌리더니 눈을 똑바로 쳐다보았 다. 그레타가 이런 식으로 나와 눈을 맞추는 일은 거의 없었다.

"엄마는 내가 중학년(스웨덴은 초중등교육이 전체 9학년인 통합과정으로 진 행되며 1~3학년인 저학년, 4~6학년인 중학년 그리고 7~9학년인 고학년으로 나뉘어 있 음.) 지리 교과서의 잘못된 부분을 출판사에 지적한 일을 두고 두고 얘기하시잖아요. 그때 출판사에서 수정판을 내기로 나한 테 약속했던 거요. 또 잡지에 실린 지속 가능성에 관한 글을 수 정 후에 게재하게 했던 일도 있었고요. 제가 과학 수업을 못 들 은 지가 1년이나 되었어요. 수업을 맡아 줄 선생님이 없어서잖 아요. 이 세상을 지키고 싶다면 이 세상을 바꿔야만 해요. 지금 같은 상황에서는 제대로 돌아가는 게 아무것도 없으니까요."

그레타는 숨을 깊이 들이쉬더니 모세스의 북실북실한 털에 코를 박고 냄새를 맡았다.

회복되거나 대체되기
어려운 것들

지금으로부터 100년도 채 안 된 일이다. 당시에는 강대국들이 다른 나라를 식민지로 삼는 일이 당연한 권리처럼 여겨졌다. 모든 사람이 동등하지 않고 인종이나 피부색, 종교나 성 정체성 또는 경제적 배경이나 성별에 따라 사람의 가치가 달라진다는 믿음이 당연시되었다. 지금은 많은 차별이 사라졌지만 아직까지도 견고하게 유지되는 차별들 또한 많다. 단지 형태만 바뀌었을 뿐 새로운 종류의 불평등이 생겨나기도 했다. 하지만 대부분의 경우에 상황은 나아졌다. 문제는 일부 영역에서 이룬 뚜렷한 발전이 종종 다른 영역을 희생한 대가로 얻어졌다는 사실이다. 그리고 희생된 다른 영역은 대부분 회복되거나 대체되기가 어렵다. 이를테면 건강, 생태계의 균형 또는 생물종의 다양성 같은 것들이 그렇다.

우리는 지구와
어떤 계약을 맺었나?

예전보다 좋아지지 않은 게 또 있다. 대기 중의 이산화탄소 농도다. 마치 동화처럼 좋아진 우리의 생활수준과 기후 위기를 초래한 온실가스 배출량이 밀접한 관계에 있다는 사실은 단연코 부인할 수 없다.

과거의 우리는 '너는 흙이니, 흙이 되리라. 흙에서 온 모든 것은 다시 흙이 될 것이다.'라고 말했다. 그러다가 누군가 석유를 발견하면서 흙에서 나온 게 흙이 되는 시절은 끝났다. 대신에 아주 오래전의 생물이 화석화되어 생성된 연료를 발굴하고, 이것을 지구의 민감한 대기 안에서 연소시켜 에너지를 얻는 사회가 탄생했다. 우리는 얼마나 많은 화석연료를 소비했던가! 미국 유타대학에서 실시한 연구에 따르면 1리터의 벤진이 생성되는 데 필요한 생물량(생명체bio와 덩어리mass를 결합시킨 용어로 원래 일정지역 내에 존재하는 모든 생물의 중량을 나타내는 생태학적 개념이었으나 최근 대체에너지 개발과 관련하여 '양적인 생물자원'의 개념으로 사용되고 있음.)은 23.5톤이라고 한다. 볼보 한 대가 겨우 몇 미터 굴러가기 위해서 23.5톤이나 되는 나무와 공룡, 수십억 년의 세월이 필요하다는 말이다.

우리가 현재 누리고 있는 삶의 대가로 지구와 어떤 계약을 맺었는지 곰곰이 따져볼 게 많다. 한 가지 분명한 것은 그 계약이 결코 지속 가능하지 않다는 사실이다.

지구를 위한
안수 기도

우리가 살고 있는 지구는 심각한 병을 앓고 있다. 우리는 충분한 의학적 조치를 해야만 한다. 즉각적인 응급처치가 필요하다. 그런데 상황이 다급하다고 안수 기도(목사나 신부가 기도를 받는 사람의 머리 위에 손을 얹고 하는 기도로 종종 병자를 치유할 목적으로 행해짐.) 같은 전근대적인 치료 방법에 매달리고 있는 형국이다. 어떤 병인지 제대로 파악조차 하지 않은 채 말이다. 당장 수술이 필요한 위급한 상황에서 수술을 포기하고, 먼 장래 언젠가 발견될지도 모르는 적절한 치료 방법을 기다리겠다는 이야기나 마찬가지다.

너무 더운
크리스마스 주간

베아타와 스반테는 런던에 가 있었다. 베아타가 우상처럼 숭배하는 리틀 믹스의 O2 아레나 경기장 공연을 보기 위해서였다. 우리는 몇 달 전에 베아타의 크리스마스 선물로 공연 티켓을 구입해 두었는데, 이 티켓을 구입하고 몇 달 사이에 스반테는 오래된 습관 하나를 바꾸었다. 나처럼 앞으로는 비행기 여행을 하지 않기로 결정한 것이다. 처음에는 갑작스럽게 발생할지도 모를 응급 상황에서 둘 중 한 사람은 비행기를 타야 할지도 모르니 둘 다 포기하는 것은 좋지 않겠다고 생각했다.

그러나 스반테는 생각을 바꿨다. 1981년부터 2013년까지 NASA의 고다르 우주연구소 소장을 역임한 제임스 한센이 쓴 《내 손주들의 폭풍우》를 읽었는데, 다가오는 기후 대재앙에 대한 진실과 인류를 구할 마지막 기회에 관한 책이었다. 뒤이어 스반테는 비슷한 주제의 책 스무 권 정도를 더 읽더니, 더 이상 쇼핑과 비행기 여행 그리고 육식을 계속할 수 없게 되었다.

그래서 베아타와 스반테의 런던 방문은 몇 백 크로나의 비용으로 몇 시간이면 날아갈 수 있는 여행이 아니라 훨씬 더 오래 걸리고 훨씬 더 비싼 모험이 되었다. 베아타의 크리스마스 선물 때문에 일종의 초인플레이션(물가가 단기간에 엄청나게 치솟는 현상)을 겪은 셈이었다. 하지만 어쩌겠는가! 약속은 약속인데.

다행히 우리 작은딸도 기후 운동의 선구자 노릇을 하는 데 전혀 이의가 없었다. 베아타는 리틀 믹스의 노래를 최대 음량으로 들으며 5일 동안 즐겁게 전기차를 타고 유럽을 통과했다. 영국 햄리스 장난감 백화점에 들러 베아타가 그레타에게 줄 크리스마스 선물로 여우 인형을 하나 산 후 두 사람은 천사 모양의 크리스마스 장식이 걸린 거리를 지나 셀프리지 건너편에 있는 HMV(영국과 아일랜드에서 최대 규모를 자랑하는 엔터테인먼트 체인점) 지점까지 걸어갔다. 스반테가 옥스퍼드 서커스 앞에 서 있는 베아타의 사진을 우리에게 전송했다.

한 시간 후 나는 다급하게 전화기를 집어 들었다. 새로 들어온 메시지 두 개 때문이었다. 옥스퍼드 스트리트에서 찍은 베아타의 사진과 옥스퍼드 스트리트에 테러 발생이라는 긴급 메시지였다. 내가 놀라서 전화를 걸자 스반테가 곧바로 전화를 받았다. 두 사람은 호텔로 돌아온 지 한참 됐고, 호텔은 옥스퍼드 서커스역에서 멀리 떨어져 있다고 했다. 나는 안도의 한숨을 내쉬었다. 이후 한 시간 동안 모든 채널이 특별 방송을 내보내고 생방송으로 뉴스를 진행했다. 모두가 화면에서 눈을 떼지 못하고 귀를 기울였다. 스웨덴 관광객들은 휴대폰으로 인터뷰를 하기도 했다. 모든 게 혼란스러웠고 아무도 정확한 사실을 알지 못했다. 모두가 숨을 죽인 채 사태를 지켜보았다.

얼마 후 테러 경보가 잘못된 것으로 밝혀져 출동한 경찰과 군대가 철수했다. 모든 사람이 상황에 맞게 행동했고 아무 일도 일어나지 않았다. 사소한 싸움이 있긴 했는데 누군가를 쫓는 사람을 또 다른 사람이 쫓은 일이었다. 그 일을 빼고는 아무 일도 없었다. 크리스마스 쇼핑은 계속 되었고, 세상은 흥청망청 마음껏 소비를 즐길 수 있었다.

다음 날 베아타는 호텔 방에서 꼼짝하지 않았다. 베아타에게는 노래하고 춤추는 게 바깥세상 구경보다 수백 배 더 재미있었다. 이 세상 어떤 도시도 그만큼 재미있지는 않다. 베아타는 혼자서 시간을 보낼 수 있어서 아주 만족스러워 했다. 스반테는 베아타가 혼자 노는 동안 호화 요트들이 즐비하게 늘어서 있는 세인트 캐서린 부둣가를 산책했다.

스반테는 그곳에서 개인 소유의 모터보트들을 구경했다. 어떤 보트에는 샌드 달러라는 이름이 붙어 있었다. 보트들은 모두 당장이라도 대양을 항해할 수 있을 만큼 컸다. 스반테는 템즈 강변의 조선소들과 항구를 지나갔다. 그곳에서 모든 게 시작된 듯했다. 무역회사들이 자리 잡고 있었으며 배들이 들어와 물건들을 내렸다. 스반테는 그곳이 바로 모든 것의 중심이었다고 생각했다. 템즈강을 오가는 무역선의 물건들로 대영제국을

건설했고, 그것이 산업혁명의 근간이 되었으며 비정상적으로 높은 온실효과를 만들어 냈다. 노벨상 수상자이기도 한 스웨덴의 화학자 스반테 아레니우스가 최초로 지구의 기온 상승 문제를 일으키는 온실효과를 발견했다. 그는 툰베리 가문 출신이며 남편 스반테의 이름은 그의 이름에서 따온 것이다.

내 남편 스반테는 이리저리 걸으면서 휴대폰으로 스반테 아레니우스가 1896년에 쓴《대기 중 탄산가스 농도가 지구 표면 온도에 미치는 영향》에서 예상했던 지구 온도의 상승이 122년이 지난 현재 우리가 알고 있는 바와 일치한다는 글을 읽었다. 약간 맞는 정도가 아니라 딱 들어맞았다. 다만 시간적인 측면에서는 그의 예상보다 훨씬 빨랐다. 아레니우스의 계산에 따르면 대기 중 이산화탄소 농도가 오늘날 수준으로 높아지는 데 2천 년이 걸렸어야 한다. 당연하다. 후세에서 땅속에 묻어 두었더라면 좋았을 화석연료를 마구 캐내 사용하리라는 것을 알 수 없었을 테니까.

몇 시간 동안이나 스반테는 여기저기 돌아다녔다. 가는 곳마다 세계 각지에서 몰려든 관광객들로 붐볐다. 아이들과 청소년, 나이든 사람들 그리고 가난한 사람들과 부유한 사람들이 늦은 오후 가을 햇살 아래의 런던 타워를 지나간다. 셀프 카메라로 찍은 수많은 사진들이 다양한 플랫폼에 올라간다. 템즈강 유람선에서 희미하게 새어 나오는 군밤과 디젤 냄새가 11월 치고는 무척 따스한 공기와 뒤섞인다. 관광객들 가운데 몇 명은 나이가 너무 많아 목발을 짚고 절뚝거렸다. 치매 환자처럼 보이는 남편을 부축해 걷던 호주 여자가 둥근 벽으로 둘러싸인 아이스링크를 가리켰다. 그곳에는 브라질 관광객 몇 사람이 18도나 되는 기온에도 불구하고 산타클로스 모자를 쓴 채 스케이트를 타고 있었다. 라 돌체 비타. 달콤한 인생. 오직 한 번뿐인 삶이다. 마음껏 즐기길!

스반테는 타워 브리지 근처의 나무 아래 앉았다. 크리스마스를 4주 앞둔 강림절 기간인데도 아직 나뭇잎이 떨어지지 않은 나무였다. 그는 이때 '기후 항의 운동'에 대해서 꿈꾸었다. 그때까지는 아직 세상에 존재하지 않는 운동, 아니 존재할 수 없는 운동이었다. 스반테는 이번 여행을 하는 동안 이 생각을 구체화할 계획이었다.

스반테는 스타벅스에서 산 라떼를 마시면서 그레타가 싸 준 사프란 빵을 먹었다. 그리고 휴대폰으로 스웨덴의 국영 전력회사 바텐팔의 전기요금을 결제했다. 바텐팔은 운영하던 갈탄 화력 발전소를 작년에 체코의 한 기업에 매각했다. 그 기업은 아무래도 석탄의 르네상스 시대를 믿는 모양이다. 바텐팔은 여전히 석탄 수백만 톤을 콜롬비아의 광산업자들로부터 사들인다. 콜롬비아의 광산업은 범죄에 가까울 정도로 무거운 부담을 지고 있다. 바텐팔이 사들인 석탄은 북유럽으로 수입되어 더러운 화력발전소의 연료로 사용된다. 바텐팔은 이산화탄소 배출이 가장 심각한 250개 기업 가운데 112위에 올랐다. 이 250개의 기업에서 배출되는 온실가스 총량이 세계 온실가스 전체 배출량의 30퍼센트 이상을 차지한다.

바텐팔은 일본 후쿠시마 원전 사고 이후 독일 정부가 원전 17개를 모두 폐쇄하기로 결정하자 독일 정부를 상대로 50억 유로에 달하는 배상을 요구했다. 폐쇄 대상 원전에 바텐팔이 소유한 원전 2기가 포함되어 있다는 게 이유였다. 이후 바텐팔의 부회장은 스웨덴 의회 기후 정책 위원회의 회장이 되었다.

스반테는 따스한 햇볕 아래에서 틸실로 짠 재킷을 벗었다. 티셔츠만 입어도 될 날씨였다. 인조 잔디가 깔려 있는 곳에서 새 한 마리가 즐겁게 지저귀고 있었다.

집으로 가는
머나먼 길

베아타가 지하철 안에 설치된 스크린에서 가수 리틀 믹스의 이름을 발견하자마자 눈물을 흘렸다.

"사람은 돌이 아니잖아요."

베아타가 흐느끼면서 말했다.

런던 O2 아레나 공연장 네 방향에서 리틀 믹스 멤버들이 무대를 향해 걸어 나오자 베아타뿐만 아니라 스반테도 환호성을 질렀다. 하지만 베아타만큼 크게 소리치고 많이 우는 사람은 없었다. 세상 그 어떤 팬도 베아타처럼 그렇게 열광적으로 한 음도 놓치지 않고 모든 가사를 따라 부르지는 않는다.

공연이 끝나자 두 사람은 자동차에 올라 영국과 프랑스를 잇는 유로 터널과 칼레를 향해 출발했다. 집으로 가는 머나먼 여정이 시작되었다. 베아타는 지칠 줄 몰랐다. 뒷좌석에 앉아 비스킷을 먹으며 리틀 믹스의 모든 앨범을 최대 음량으로 틀어 놓고 들었다. 소리에 예민한 베아타였지만 리틀 믹스 노래라면 아무리 큰 소리여도 괜찮았다. 아니, 오히려 큰 소리여야 했다.

밤이 되었다. 베아타는 호텔 방 하나를 차지하고 노트북으로 미국 시트콤 〈프렌즈〉를 보다가 잠이 들었다. 주변이 어질러져 있어도 전혀 동요하지 않았다. 베아타는 혼자 시간을 보내다가 스르륵 잠이 드는 걸 좋아했고 기분이 무척 좋은 상태였다.

두 사람이 네덜란드 남부의 에인트호벤에 도착하기 직전에 휴대폰이 울렸다. 출판사 발행인이 건 전화였다. 그는 기후에 관한 책을 낼 생각인데 혹시 스반테와 내가 함께 쓸 의향이 있는지 물었다. 기후 문제를 솔직하게 털어놓으면서도 희망적인 메시지를 전달하는 책이 될 것이라고 말했다. 많은 사람들이 사 볼 수 있게 부담스럽지 않은 가격을 책정할 계획이라고도 했다. 그는 우리가 할 일을 설명해 주면서 정말 많은 사람들이 볼 수 있는 환경문제를 다룬 책의 중요성을 거듭 강조했다.

"많은 사람들이 읽을 수 있고, 또 실제로 희망을 줄 수 있는 책이 되어야 합니다."

"음……." 하고 스반테가 대답을 고민하는 사이 그의 귓가에 그레타의 말이 울리는 듯했다.

"단 한 번의 비행기 여행이 20년 동안 실천해 온 분리수거를 망쳐 버릴 수 있어요."

그래서 스반테는 다음과 같이 대답했다.

"지금 같은 상황에서 희망을 불어넣는 책에는 별로 관심이 없습니다. 책에 담으려는 희망이 최근에 여기저기서 말하는 희망과 같은 의미라면 말이죠."

"무슨 말씀이신가요?"

"현재 상황에서 우리에게 가장 필요한 게 희망이라고 생각하지 않습니다. 희망을 준다는 건 앞으로도 계속해서 사태를 외면하라는 말이나 마찬가지죠. 기후에 대한 책을 만든다면 무엇보다 먼저 우리가 아주 심각한 위기에 처해 있다는 사실을 밝힌 후에 위기의 본질이 무엇인지를 설명해야 합니다. 희망이 아주 중요하긴 합니다만 나중 문제입니다. 이를테면 집은 불타고 있는데 가족과 식탁에 둘러앉아 언젠가 새 집을 지으면 얼마나 멋질지 설명하고 있진 않겠지요. 불이 붙기 시작해 집 안이 온통 화염에 휩싸이는 상황이라면 누구든 응급 구조대에 전화를 걸고 가족들을 깨워 집밖으로 대피시키지 않을까요?"

"물론 그렇겠죠. 하지만 그래도 희망은 필요하다고 생각합니다. 이를테면 자동차 타이어의 압력만 조절해도 이산화탄소 배출량을 10만 톤 줄일 수 있다는 사실을 아시나요?"

발행인이 물었다.

"네. 하지만 그 사실에 중점을 두어서는 안 됩니다. 사람들이 그렇게 간단히 많은 게 바뀐다고 믿게 되면 앞으로도 지금처럼 계속 지내도 된다고 생각할 겁니다. 타이어의 압력을 조절하는 건 분명 좋은 방법이지만 새 발의 피일 뿐입니다. 기후 문제에 대한 관심이 별로 크지도 않은데, 그나마 생긴 작은 관심을 그런 일에 쏟는다면 정말 끝입니다."

"하지만 사람들이 끝이라고 생각하면 그야말로 아예 포기해 버릴 텐데요."

"아니요, 저는 그렇게 생각하지 않습니다. 끝이라는 말이 무슨 뜻인지 정확하게 안다면 그럴 리가 없습니다. 그런데 사람들은 모르고 있죠. 안타깝게도 대부분은 빠른 속도로 커지고 있는 온실효과가 무얼 의미하는지 전혀 모릅니다. 우리가 더 이상 통제할 수 없는 일들이 터지기 직전이라는 사실을 짐작조차 못하고 있어요."

스반테는 단호하게 말했다.

"하지만 일부 심리학자들은 희망적인 얘기를 하지 않으면 사람들이 기후 문제를 아예 외면하는 결과가 올 거라고 합니다. 거부반응을 일으키는 거죠."

"알고 있습니다. 그러나 반대 의견을 제시하는 심리학자들도 있습니다. 그럼 어떻게 해야 할까요? 거짓말을 해야 할까요? 사람들에게 잘못된 희망을 심어 주어야 할까요? 그렇게 해서 사람들의 생각을 바꾸려는 겁니까? 말레나와 제가 기후 위기를 있는 그대로 알리는 이유는 사람들을 싫어해서가 아닙니다. 오히려 그 반대죠. 사람들을 좋아하고, 또 사람들을 믿기 때문에 그러는 겁니다."

"좋습니다. 그럼 이웃들과 기후 문제에 관해 이야기할 때 무슨 말을 하십니까?"

발행인이 물었다.

"저는 이웃사람들과 그런 대화를 나누지 않습니다. 그 문제에 대해서는 친구들이나 부모님과도 거의 이야기하지 못합니다."

발행인은 나중에 다시 연락하겠다며 전화를 끊었다. 물론 다시 연락이 오지 않았다.

저녁 늦게 독일 함부르크에 도착해 맥도널드에서 줄을 서 있던 스반테는 서툰 독일어로 어떤 남자와 말을 주고받았다. 스반테는 자기가 비행기 대신 전기차로 런던에서 스톡홀름까지 가는 중이라고 설명한 후 기후 위기 때문이라고 강조했다. 남자는 스반테의 말을 귀로는 듣고 있었지만 전혀 이해하지 못했다. 나중에 스반테는 주차장에서 비바람을 맞으며 한참 동안 통곡했다. 그렇게 심하게 운 적은 결혼 생활 15년 동안 그때가 두 번째였다.

500억 대의 화물차와 고속도로, BMW로 가득 찬 그곳에서 그는 우리가 얼마나 많은 가솔린차를 전기차로 바꾸든 아무런 소용이 없다는 사실을 깨달았기 때문이다. 우리가 지붕에 얼마나 많은 태양전지를 설치하든, 우리가 서로를 얼마나 격려하든 아무런 의미가 없었다. 우리가 비행기 여행이라는 특권을 포기하고 땅 위에 머무르든, 아니든 전혀 중요하지 않았다. 왜냐하면 지금 우리에게 필요한 것은 혁명이기 때문이다. 인류 역사상 가장 큰 혁명이 필요하고, 그 혁명은 지금 당장 일어나야 한다. 그러나 어느 곳을 둘러봐도 혁명은 일어나지 않는다.

스반테는 그 자리에 5분 동안 서 있다가 정신을 차렸다. 그리고 포기할 생각을 하는 사람은 살아갈 수가 없다는 사실을 깨달았다. 독일의 주유소 주차장에 서서 울음을 터트리는 일은 아무것도 개선할 수 없다는 사실도 인정했다. 계속 차를 몰고 가는 수밖에 없었다. 유틀란트 반도를 향해서. 말뫼를 향해서. 일출을 향해서.

삶이 게임이 아니라면,
우리의 모든 행동이
무언가 의미가 있다면
어떻게 할 것인가?

길거리의 신문 가판대를 지날 때면 1면의 기사들을 본다.

때로는 살인과 유명 인사의 파티가, 때로는 구걸 금지와

새로 선출된 정당 대표의 발의가 표제를 장식한다.

그럴 때면 마치 자동차 안에 함께 앉아 있는 우리가

라디오에서 나오는 음악 때문에 싸움을 하는 동안

자동차가 절벽을 향해 곧장 달려가는 기분이 든다.

—

스테판 순드스트룀

(스웨덴의 음악가)

카오스

나는 카오스를 사랑한다. 불가능한 것을 사랑한다. 남들에게
는 도저히 생각할 수 없는 일처럼 보이는 모든 것을 사랑한다.
옆으로 재주넘기를 하거나 물구나무서기를 하는 일, 무대 천장
에 설치된 긴 막대에 거꾸로 매달리는 일 같은.

나는 엎드려뻗치기를 한 채로 서서도 부르기 힘든 아리아를
부른 적도 있다. 내가 최고의 역량을 발휘하는 순간은 생방송
직전에 전기가 나가고 최종 리허설이 무산되어 즉흥적으로 공
연을 해야 할 때다. 스웨덴 전역으로 생방송 될 공연을 세 시간
남겨 놓은 상태에서 누군가를 대신해 지난 8년간 맡지 않았던
배역을 노래할 때다. 갑자기 병에 걸린 누군가를 대신해 가장
빠른 비행기를 타고 2천 명의 청중 앞에서 노래하기 위해 런던
으로 날아간 후에 비로소 악보를 건네받고서 택시를 타고 바비
칸 홀로 가는 동안 그 악보를 익힐 때다.

나는 카오스를 사랑한다. 그것이 나의 카오스이고 내가 가장
잘할 수 있는 일을 해도 되는 한 카오스를 사랑한다. 나는 그럴

때 최고이기 때문이다.

나는 내내 ADHS를 앓고 있다. 정식으로 진단을 받은 것은 마흔다섯 살 때였다. 그 이전에는 검사를 받은 적이 없었다. 아마 한 번도 그런 검사가 필요하다고 생각하지 않았던 것 같다.

나는 모든 사람들이 부러워하는 천재적인 재능을 갖고 있다. 그런 재능이 중요하다고 항상 강조되지만 실제로는 오직 소수만이 그 재능을 꽃피운다. 재능이 있다 해도 운이 따르지 않으면 소용이 없기 때문이다. 나는 오케스트라의 모든 악기 소리를 한꺼번에 들을 수 있다. 소리마다 어떤 악기인지 구별하고 한 음 한 음을 다 알아들을 수 있다.

나는 운이 좋았다. 어린 시절부터 내 주변에는 나에게 맞는 분야를 발견하도록 도와주는 사람들이 있었다. 그 사람들은 나의 재능과 성격에 맞는 분야, 내가 좋아하는 일을 하는 데 내 시간을 써도 되는 그런 분야를 발견하게 해 주었다.

나는 수줍음이 많은 아이였다. 말까지 더듬어서 초등학교와 중학교 시절 언어 교정 치료를 받았다. 수업 도중에 내가 불려 가면 남자아이들이 "너 또 어, 어, 언어 치료사한테 가는 거니?"라고 놀리곤 했다. 모음으로 시작하는 문장을 발음하지 못한 나는 다른 아이들과의 대화가 너무나 힘들어서 차라리 침묵을 택했다.

하지만 노래를 할 때면 모든 게 너무나 쉬웠고 자연스러웠다. 노래의 세계는 나를 구원했다. 이 세상에 존재하는 내 자리였고 거기서 나는 안전하다는 느낌을 받았다. 그곳은 어떤 한계도 없는 세계였다. 노래하고 음악을 들으며 내가 들은 모든 악기의 모든 음을 적느라 열네 시간, 열다섯 시간씩 머무르는 장소였다. 그 세계 안에서 나는 무엇이든 해 낼 수 있었다.

그리고 지금까지도 그곳은 내 안에 남아 있다. 근육의 기억 속에 저장된 감정처럼, 오로지 나 자신만을 위한 행복감으로 남아 있다.

노래할 때 나는 가장 잘 지낸다.

거짓에 눈이 멀다

기후 위기와 지속 가능성 위기에 관한 우리의 무지는 이 세상에서 가장 풍부한 자원이 되었다. 경제성장이 상승 곡선을 그리기 위해서는 반드시 필요한 기본 조건 중 하나이기 때문이다. 그런 점에서 우리의 무지는 새로운 화폐나 마찬가지였다.

기후 위기로 인한 지속 가능성 위기가 얼마나 심각한지 알아차리게 된다면 우리는 우리의 생활양식을 반성하고 몇 걸음 뒤로 물러설 수밖에 없다. 그런데 그렇게 되면 경제적으로 손해가 막심하다. 우리가 공룡 잔해인 석유로 자동차와 비행기를 끊임없이 가득 채우고 또 가능한 한 빨리, 가능한 한 많은 제품을 생산하고 구매해야만 경제가 유지되고 성장할 수 있기 때문이다.

경제성장과 이산화탄소 배출량의 증가 그리고 생물종의 다양성 소멸 사이에 분명한 연관이 있다는 사실은 매우 분명하다. 그런데도 이러한 지식은 우리 의식 안으로 들어오지 않고 바닥에 가라앉는다. 생태학적 진실에 대한 우리의 무지는 그 사이 헤아릴 수 없을 정도로 큰 가치를 지니게 되어 도처에 파고든다. 언론과 방송에, 광고에, 우리의 세계관에 그리고 일상생활 속 습관에. 우리는 이제 끊임없이 쏟아지는 모든 거짓에 눈이 멀어 정말 중요한 것들을 보지 못한다. 그래서 이제껏 해 왔던 대로 행동하는 것이다.

우리에게 닥친 문제는 결코 저절로 해결되지 않는다. 사태를 바로잡는 데 드는 대가는 계속 커질 뿐이다. 우리는 어쩔 수 없이 몇 걸음 더 후퇴해야 한다. 질서정연한 방식으로 지금 그렇게 할 것인가, 아니면 조금 더 기다릴 것인가? 그것이 문제다.

무리 지어 사는
존재

"기후변화는 인류 역사상 가장 큰 위협입니다."

유엔 사무총장 안토니오 구테레스는 2018년 4월, 이렇게 말했다.

지금 우리는 기후 안정성이 깨지는 과정에 놓여 있으며 언제 어디서 닥칠지 모를 티핑 포인트를 향해 가고 있는 중이다. 우리는 보이지 않는 경계에 접근하고 있다. 기후 위기 해결에 필요한 원칙 논의는 진즉에 끝났어야만 한다. 과학자들의 연구는 지구온난화가 이미 너무도 분명하게 모든 생명체에 끔찍한 결과를 가져온다는 사실을 밝혀냈다. 농업의 기계화와 벌목, 어류의 남획 그리고 바다의 산성화로 생태계 다양성이 파괴될 위험에 처했다는 사실도 명백하다.

그러나 우리는 일정한 자동차 판매량이 예나 지금이나 장밋빛 미래를 약속한다고 착각하는 시대에 살고 있다. 비행기 연착륙이─적어도 항공교통에 일부 책임이 있는 게 분명한─기후변화로 인한 수천 명의 죽음보다 더 많이 신문 표제를 차지하는 그런 시대다. 티백을 쓰는 대신 찻잎으로 차를 끓이는 행동으로 환경을 위해서 무언가 했다고 안심하는 그런 시대다.

어디에선가 비행기 이착륙 시 기내 냉방장치 가동에 사용되는 전력 소비를 줄일 수 있도록 창문 블라인드를 내리라고 권유하는 글을 읽은 적이 있다. 그리고 호텔에선 수건을 바닥에 던지지 말고 수건걸이에 걸어서 불필요한 세탁을 줄임으로써 '세상을 구하는 일'에 협조해 달라는 문구를 봤다.

"우리는 계속해서 부정적인 제목이나 사람들에게 정신적으로 충격을 주는 소식에 신경 쓸 수는 없습니다. 그렇지 않으면 조만간 억압의 메커니즘이 작용할 것입니다. 우리에게는 새로운 긍정적인 관점이 필요합니다."

대중에게 영향력 있는 사람들의 말이다. 그런데 대중이 어떤 오래된 관점을 갖고 있다는 건지 궁금할 따름이다. 솔직하게 말해서 내가 아는 사람들 가운데 우리가 처한 지속 가능성 위기에 대해 충분히 알고 있는 사람은 거의 없다고 봐야 한다. 우리가 만난 사람들 가운데 기후 강제력(기후 시스템 안에서 기후를 변화시키는 요소. 이산화탄소 증가에 따른 지구온난화는 온실가스 농도 증가라는 기후 강제력에 의해 발생하는 기후변화임)과 기후 피드백(기후변화를 증폭시키거나 축소시키는 상호작용)에 대하여 알고 있거나, 남극의 빙하 아래 흐르는 조류의 변화가 빙하가 녹는 데 어느 정도나 영향을 미치는지 설명할 수 있는 사람은 거의 없다. 누구나 아마존의 열대우림이 벌목으로 훼손된 일에 분노를 표하면서도 북유럽의 삼림대 한쪽에서 무슨 일이 일어나고 있는지는 관심이 없다. 우리가 대화를 나누었던 사람들 가운데 '새로운 판게아'(지구의 지각은 살아 있는 유기체처럼 끊임없이 움직이기 때문에 2억 년 후에는 새로운 판게아가 형성될 것이라고 함.) 나 취리히와 밴쿠버에 있는 두 회사가 대기에서 탄산가스를 제거하는 기술 개발에 큰 진전을 이뤘다는 소식을 들어 본 사람은 아무도 없다. 이 두 회사에서 개발한 기술로 만든 모델을 살펴보고, 그 모델로 기후 문제를 해결하기에는 시간이 너무 촉박하다는 사실을 계산기로 확인해 본 사람 또한 분명히 없을 것이다.

단언컨대 우리 주변 사람 대부분이 기후 위기에 대해서는 아무것도 모른다. 사실 그렇다고 그들을 비난하기는 힘들다. 그동안 우리와 대화를 나눈 수십 명의 기후 정책 담당자나 정당 대표들 또한 별로 아는 게 없었으니까. 부인할 수 없는 한 가지 사실은 지금 이 상황에서 우리에게 꼭 필요한 기본 지식이 우리에게 없다는 점이다. 이러한 기본 지식 없이는 우리의 생활방식으로 인한 기후변화가 우리의 생존을 어떻게 얼마나 위협하고 있는지 의식하지도 못한다.

3, 4년 전만 해도 나 역시 기후변화에 대해 아무것도 몰랐다. 물론 어느 정도 불안감을 느끼고 있었고 우리의 생활습관 때문에 지구의 자원이 아주 빨리 고갈될지도 모른다는 생각은 했었다. 신문에서 가끔 이런저런 것들이 환경에 유해하다는 기사를 읽기도 했다. 하지만 그럴 때마다 어김없이 나오는 반대 의견도

있었다. 뉴스 편집자들이 늘 전문가를 동원해 모든 생태학적인 우려를 종식시켜 주는 것은 당연히 무척 안심이 된다. 어디서나 똑같은 기쁜 소식이 들려왔다. "우리 문제에 대한 해결책이 있습니다! 앞으로도 지금까지처럼 생활하세요!"라고들 했다.

그러던 어느 날 나는 항공교통에 관심을 갖고 관련 서적들을 읽기 시작했다. 비행이 환경에 특히 유해하다는 사실은 명백했다. 이산화탄소를 대기의 상층부에서 배출하기 때문이다. 하지만 정부의 항공교통 관리 부서는 물론이고 항공교통 시설을 맡고 있는 국영기업인 스웨다비아도 그와 관련해 입도 뻥긋하지 않았다. 대신에 그들의 홈페이지는 활짝 핀 튤립 꽃밭 한가운데 자리 잡은 컨트롤타워 사진으로 장식되어 있고, 온갖 미사여구를 동원하여 '친환경 방식으로 전환'이라는 기쁜 소식을 알리고 있었다.

어디나 마찬가지였다. 무언가 우려할 만한 사태가 발생하자마자 새로운 기술로 해결될 것이라는 소식이 바로 뒤를 이었다. 마치 지구온난화가 원인이었던 것처럼. 기후 위기는 오히려 우리의 과소비, 지속 가능성 결핍이 불러일으킨 증상인데도 불구하고 그렇지 않은 것처럼 포장되었다. 그래서 나는 불안해하지 않았다. 언론과 방송 그리고 정치가들이 우리가 절망적인 상태에 빠져 있다고 경고하지 않는 한 모든 게 괜찮은 모양이라고 믿었다. 그러다가 그레타에게 힘든 시기가 찾아왔고 그다음에는 베아타가 위기를 겪었다. 그로 인해 우리는 발을 헛디뎌 그 이전까지는 존재조차 몰랐던 곳으로 가게 되었다.

우리에게 '새로운 관점'이 필요하다는 생각은 내게 점점 더 낯설게 다가온다. 그런 생각을 하는 사람들은 우리 모두가 기후변화에 대한 다큐멘터리 영화 〈비포 더 플러드Before the Flood〉를 보고 나서, 기후에 관한 연구 보고서와 블로그를 검색해 봤다고 믿는 것 같다. 아니면, 기후변화를 주제로 열리는 강연에 정기적으로 참석하고 영국의 종합 일간지 〈가디언〉을 구독한다고 생각하나 보다. 지속 가능성 위기가 어떤 결과를 가져오게 될지 안다고 확신하는 것 같다. 사람들이 귀 기울이게 만들 돈을 가진 사람들은 "우리는 나쁜 소식을 견딜 수 없습니다. 긍정적으로 생각해야 합니다. 그렇지 않으면 아예 무관심하게 됩니다."라고 말한다.

하지만 그 말은 틀렸다. 우리가 알지 못하는 것을 배제할 수 없듯이 우리에게 알려지지도 않은 소식을 무시할 수는 없다. 마찬가지로, 당신의 아이가 안전을 위해 쳐 놓은 울타리를 넘어 절벽으로 향하고 있는 상황에서 당신에게 필요한 것은 '새로운 관점'이 아니다. 그 광경이 견딜 수 없다고 해서 아이가 절벽 아래로 떨어질 위험을 외면하지는 않을 것이다. 당신은 온 힘을 다해 아이를 구하는 데에만 신경 쓸 것이다.

우리는 보이지 않는 경계선을 향해 접근하고 있다. 일단 그 선을 넘으면 절대로 돌아올 수 없다. 우리가 지금 하는 행동들은 머지않아 더는 없었던 일이 되지 못할 것이다. 현재 상황의 심각성을 깨달은 사람이 다른 이들에게 경고하려고 노력해야 한다. 우리는 단독 행동을 하는 존재가 아니라 무리를 지어 사는 존재다. 우리의 대장이 위험을 경고해 주지 않는 한 우리 가운데 위험을 알아차릴 사람은 소수에 불과하다. 그래서 우리는 인간의 무리를 이끄는 대장이 멈추라고 소리치기를, 위험을 피해 안전한 곳으로 우리를 데려가기를 기다리고 있는 것이다.

우울한 대학 생활

"학생을 어떻게 지도해야 할지 난감하네요. 정말 쉽지 않은 경우입니다."

오페라 학교에서 나를 담당하는 교수들이 졸업 공연 직전에 이렇게 말했다.

"어떤 방향으로 진로를 권해야 할지 우리로서는 결정하기가 쉽지 않군요."

심지어 학장도 그들의 의견에 동조했다.

그들의 어조는 비꼬는 것도 아니었지만 그렇다고 격려하는 것도 아니었다. 마치 내가 큰 잘못을 저지르기라도 한 것처럼 들렸다. 나의 어떤 점이 그들의 신경에 거슬리기라도 한 것처럼.

그때 나는 음악학교에서 학사 과정을 밟는 동시에 오페라 학교에서는 석사 과정을 밟고 있었다. 또한 구스타프 쇠크비스트가 지휘자로 있는 라디오 합창단에 소속되어 노래를 불렀으며, 오스카 극장에서 공연하는 〈시라노 드 베르주라크〉에 두 번째 주연과 춤추는 사람 역으로 출연했다.

학자금 대출 한도가 다 차서 나는 돈을 벌어야만 했다. 하지만 그런 상황은 내게 전혀 문제될 게 없었다. 아주 재미있었기 때문이다. 한 가지 일이 끝나면 서둘러 다른 장소로 이동해야 하는 일은, 어디에서고 평온함을 느끼지 못하는 내 성향에 완벽하게 들어맞았다. 게다가 두 가지 일 모두 내게 많은 것을 가르쳐 주었다. 노래를 부르고 잠을 자고 춤을 추는 이 세 가지가 조화를 이뤄 나의 하루를 온전히 채울 수 있었다. 내가 전혀 시간을 낼 수 없었던 일은 오페라 학교의 다른 학생들과 어울리고, 내내 불편하기 짝이 없을 파티에 참석하는 것이었다. 나와는 상관이 없는 일들이었다. 왜냐하면 마침내 내게 어울리는, 그야말로 아주 잘 어울리는 세계를 찾았기 때문이다.

그러던 어느 날 무대 공연자를 위한 기본기 수업 시간이었다. 내가 강의실로 들어가자 지도 교사인 필리파가 한숨을 쉬며 말했다.

"내 생각은 아니지만 수업을 같이 듣는 학생들이 대화를 요청했어요. 문제가 있다고 생각하나 봐요."

나는 학생들이 반원을 그리고 둘러앉은 맨 앞쪽 의자에 혼자 앉아야 했다. 학생들은 내가 단체 행사에 참여하지 않아서 유감이라고 말했다. 학교 축제에도 참여하지 않는다고 비난했다. 내가 마치 범죄를 저지르기라도 한 것처럼 말했다. 학생들 모임에 속하지 않은 범죄였다. 다른 학생들과 어울리기엔 너무 잘났다고 생각하느냐는 비난을 받았다. 하지만 나는 잘나기는

커녕 오히려 존재감이 없는 사람이었다. 다른 학생들과 어울리지 않은 시간에 대한 벌로 나는 이전에는 들어본 적도 없었던 것들을 배웠다. 예를 들어 비난받을 소지가 있기 때문에 남과 다른 행동을 해서는 안 된다는 사실이었다. 그런 사실을 깨닫자 나는 마음속 깊이 슬픔을 느꼈다.

나는 점점 더 사람들로부터 멀어져 집 안에 틀어박혔다. 쿵스클리판에 있는 건물의 3층, 우리 집 안에서 느끼는 불안과 근심에 맞서 싸울 나만의 방법을 발견했다. 꾸역꾸역 음식을 삼킨 후 손가락을 목구멍에 쑤셔 넣기만 해도 기분이 나아졌다. 토하고 나면 배 속이 뭉쳐 있는 듯했던 기분이 사라졌다. 그리고 하루 종일 기분이 괜찮았다. 폭식과 구토는 심각한 병이고, 내가 처한 상황에 대처하는 좋은 해결책이 아니었지만 당시에 나는 마음의 평화를 되찾을 수 있는 다른 방법을 알지 못했다. 그런데 토하고 나면 노래를 부를 수 없었다. 바로 그 문제가 나를 구했다. 나는 노래하지 않고서는 살 수가 없었기에 선택을 해야만 했고, 나는 노래를 선택했다. 노래가 나를 살린 셈이었다.

평등이 억압으로
느껴질 때

"ADHS 환자의 근본 문제는 그들이 쾌락 원리(고통이나 불편을 피하고 오직 희열과 쾌락을 추구하는 원리)에 따라 행동한다는 점입니다. 그들은 오로지 자신이 가장 흥미로워하는 일만 할 뿐 나머지는 제대로 수행하지 않습니다. 이런 증상은 뇌의 보상 시스템과 관련되어 있습니다. 도파민(유기화합물의 일종으로 다양한 동물들의 중추신경계에서 발견되는 호르몬이나 신경전달물질에 들어 있음. 도파민의 분비가 촉진되면 쾌감을 느끼게 됨.)의 영향이죠."

2017년 5월 초, 나는 신경과학과 심리학 분야를 연구하는 의사 스베니 콥(스웨덴 예테보리에 있는 퀸 실비아 아동병원의 정신과 의사. 아동·청소년의 신경정신과적 장애 전문)의 강연을 들으러 갔다. 그녀는 아동·청소년 정신의학 영역에서 선구자로 평가되고 있다. 그런 평가를 받는 이유는 그녀가 연구하는 환자들이 아주 특이하기 때문이다. 특이한 환자들은 다름 아닌 여자아이들이었다.

강당에 모인 청중 수백 명은 모두 아동·청소년 건강 부서에서 일하는 공무원들이나 관련 병원인 BUP의 직원들이었다. 나와 내 친구 가브리엘라를 제외하고는 전부 이 분야의 전문가들인 셈이었다. 아마도 나와 처지가 같기 때문인지 가브리엘라는 내가 최근에 교류하는 유일한 사람이다. 가브리엘라의 딸도 아프기 때문에 가브리엘라는 항상 쓰러지기 일보 직전일 정도로 바쁘게 보냈다. 그녀가 진즉에 쓰러지지 않은 점은 사실 기적에 가까운 일이다. 가브리엘라는 강한 사람이었다. 우리와 비슷한 상황에 놓인 엄마라면 누구나 그렇듯 암사자처럼 싸운다. 하지만 가장 강했던 사람들이 언젠가는 무너지는 법이다. 마지막까지 인간으로서 할 수 있는 모든 것을 하고 나서는 어느 순간 가진 힘을 완전히 소진해 버려 텅 비게 되기 때문이다. 자신의 기력이 다할 때까지 포기하지 않는다는 원칙에 있어서는 우리 여자들이 남자들보다 한 수 위다.

스베니 콥은 자신의 연구와 진료 경험을 통해 우리가 아동 및 청소년 같은 일반화된 개념을 사용할 때 보통은 여자아이들이 불리한 상황에 놓여 있음을 확인했다.

스베니 콥이 강연을 시작했다.

"유감스럽게도 우리는 남자아이와 여자아이, 10대의 소년과 소녀를 구별해야 합니다. 아니 어쩌면 그러는 게 바람직합니다. 각기 다른 조건에서 살고 있고 겉보기에도 차이가 있으니까요. 하지만 우리가 아동·청소년을 언급할 때는 보통 남자아이들을 생각합니다."

그녀는 느린 예테보리 사투리로 말했다. 그녀는 우리가 그전까지 만났던 의사들이나 심리학자들과 완전히 달랐다. 그녀의 말은 나와 가브리엘라에게 단번에 와 닿았다. 스베니 콥은 사태의 핵심을 파악하고 있었다.

"여자아이들이 ADHS와 자폐증 진단을 받는 경우는 아주 드뭅니다. 하지만 저는 여자아이들에게서 분명 이런 증상을 수없이 봐 왔습니다. 그때마다 저 자신에게 묻지 않을 수 없었습니다. 도대체 어떻게 이런 일이 있을까? 전문가들이 어떻게 의심할 여지없이 ADHS를 가진 아이들에게 사춘기 문제나 대인관계 장애라는 말을 할 수 있을까?"

여성 학자가 아동·청소년 정신의학 내부의 구조적 불평등 문제를 지적하자 많은 사람들이 껄끄럽게 받아들이는 듯했다. 시간이 얼마 지나지 않았는데도 강당을 나가는 사람들이 있었다. 자리에 남아 있는 사람들 가운데 몇몇은 못마땅한 듯 신음 소리를 내거나 한숨을 쉬었다. 나는 언젠가 휴대폰에서 읽었던 문구가 떠올랐다.

"당신이 특권을 누리는 데 익숙해져 있다면 평등이 마치 억압처럼 느껴질 것입니다."

반면에 가브리엘라와 나는 가장 좋아하는 밴드의 공연에 와 있는 기분이었다.

"나, 저 사람 팬이 된 것 같아."

가브리엘라가 속삭였다. 나는 그녀의 말에 완전히 공감했다. 스베니 콥은 여자아이들이 종종 남자아이들에 비해 불이익을 당하고 있다는 견해를 기탄없이 밝혔다. 남자아이들이 더 많이 주목받고, 특수학교에 배정받거나 교육학적인 돌봄 서비스를 받는 등 그다지 많지도 않은 혜택 대부분이 남자아이들에게 돌아가는 상황을 지적했다.

"따라서 남자아이들에게 더 이른 시기에 치료와 지원이 제공되는 것은 분명합니다."

스베니 콥이 연설을 계속했다.

"여자아이들은 10대 중반이 지나야 증상이 눈에 띄는 경우가 많습니다. 그런 경우 더 이상 치료나 지원을 원하지 않고 다른 아이들과 똑같이 생활하기를 원합니다. 더군다나 치료나 지원을 원한다 해도 워낙 기회가 적어 경쟁이 치열하지요. 그리고 이런 상황에서는 부모에게도 도움이 필요합니다."

콥은 연단에 놓여 있는 컵을 들어 목을 축였다.

"아침에 일어나지 않는 아이를 어떻게 해야 할까요? 열네 살짜리 여자아이를 침대에서 끌어내 학교까지 안고 갈 수 있을까요? 물론 그럴 수 없습니다. 그럼 어떻게 해야 하나요? 아이가 숙제를 하지 않을 때는 어떻게 대응해야 할까요? 아이와 갈등이 생기면 어떻게 해야 할까요? 아이가 심하게 짜증을 내거나 회피하는 경우는요? 방을 어질러 놓고 치우지 않을 때는요? 겉보기에는 일상적인 것처럼 보이는 이 문제들을 어떻게 처리해야 할까요? 정말 절대로 쉬운 일이 아닙니다."

쉬는 시간에 나는 가브리엘라에게 얼마 전 발견한 기사를 보여 주었다. ADHS를 앓고 있는 아이들을 대상으로 한 연구 결과에 대한 기사였다. 연구 대상이 된 아이들은 총 64명으로 정확하게 말하면 모두 남자아이들이었다. 2018년인데도 불구하고 학문적인 연구에서는 양성평등이 전혀 고려되지 않고 있다는 사실이 참으로 많은 것을 말해 준다.

신경정신과 질병과 더불어 살기란 쉽지 않다. 특히 여자아이들에게는 정말 어렵다. 남자아이들을 위해 만들어진 틀에 여자아이가 어떻게 들어맞겠는가? 얼마 전까지만 해도 여자아이가 아스퍼거 증후군이나 ADHS로 고통받는다는 사실은 거의 상상할 수도 없는 일이었다. 아직도 대부분의 신경정신과적인 병은 진단의 기준과 처방, 병에 대한 정보가 모두 남자아이들에게 맞춰져 있다. 남자아이들을 대상으로, 남자아이들을 위해서 그리고 남자아이들에게 맞춰져 있다. 동일한 병명으로 진단받더라도 환자마다 다르게 나타날 수 있다. 같은 병을 앓아도 여자아이와 남자아이가 서로 다른 증상을 보이는 경우가 많다. ADHS가 있는 남자아이들이 대체로 아주 외향적인 데 비해서 여자아이들은 정반대인 경우가 그렇다.

대부분의 신경정신과적인 병에 대한 진단은 다른 사람들이 거슬려하는 행동을 할 때 그것을 근거로 내려진다. 그런데 여자아이들은 원래 밖으로 표출해야 할 것을 억누르는 경향이 있기 때문에 자동적으로 불리한 위치에 놓이게 된다. 그런 까닭에 보통 집밖에서 거슬리게 행동하지 않는 여자아이들의 경우 종종 도움을 받지 못한다.

얼마나 많은 부모가 아이의 문제를 끝까지 파헤칠 힘이 있겠는가? 얼마나 많은 부모가 3, 4년씩이나 정신과 의사들을 상대해야 하는 결정을 자발적으로 내리겠는가? 그렇게 해서 얻는 결과라곤 기껏해야 예나 지금이나 장애로 인식되는 병명을 진단받는 일이 전부인데 말이다.

오늘날에는 이런 문제에 관심이 있는 부모라면 대부분 이 모든 것들에 대해 충분히 알고 있다. 인터넷으로 아무 문제없이 관련 분야의 연구 결과를 찾아볼 수 있기 때문이다. 반면에 아동·청소년 정신과 내부의 사정은 다르다. 이론적인 연구가 워낙 빠르게 진전되는 바람에 실제 치료가 연구 속도를 따라가지 못하고 뒤처지고 있다. 이론과 실제 사이에 격차가 벌어진 탓에 많은 아이들, 그중에서도 특히 여자아이들이 희생양이 되고 있다. 한 예로 오랜 기간 비자발적인 결석 상태에 있는 바람에 평생 아웃사이더로 살아가야 하는 여자아이들을 들 수 있다. 또 다른 예가 아스퍼거나 ADHS를 앓고 있는데도 불구하고 정확한 진단을 받지 못해 섭식 장애나 강박 장애 혹은 자해와 같은 위험성을 안고 사는 여자아이들이다.

전 세계의 수많은 연구가 ADHS를 앓는 아이들이 약물중독이나 범죄에 빠질 위험성이 높다는 사실을 보여 준다. 또한 아직 역사가 얼마 안 된 연구 주제이긴 하지만 ADHS와 섭식 장애 사이의 분명한 연관성을 보여 주는 자료가 있다.

여자아이들에게도 처음으로-드디어!-신경정신과적인 병에 대한 진단이 내려지자 국민 대다수가 이렇게 외쳤다. "뭐라고? 다들 갑자기 병에 걸리기라도 한 거야?" 불합리하게 들릴 뿐만 아니라 실제로도 불합리한 반응이다. 물론 대중의 이런 무지 때문에 남자아이들에게 책임을 물을 수는 없다. 여자아이들의 문제를 외면해 왔다고 해서 남자아이들의 문제가 덜 중요하다는 뜻은 아니다. 남자아이들 역시 많은 도움이 필요하다. 남자아이들도 그들의 부모와 마찬가지로 편견과 무시로 그늘진 삶을 살아야 한다. 사람들은 그들의 특징적인 '행동'을 공개적인 조롱 대상으로 삼는다. 심지어 학교 교직원과 다른 학부모들도 다르지 않다. 사람들이 좋아하는 '공손하고 예의바르게 행동하라!'는 제목의 기사가 끊임없이 등장하고 그것을 읽은 사람들은 신경정신과적인 병을 앓는 아이들의 행동에 자신이 어떻게 대처해야 할지 알고 있다고 믿는다. 연구 결과가 완전히 다른 의견을 제시하는데도 불구하고.

연단에서는 스베니 콥이 강연을 마무리하는 중이었다.

"연구를 진행하는 동안 저는 자폐 스펙트럼 장애와 ADHS, 뚜렛 증후군(자기 마음대로 되지 않는 움직임과 소리를 반복적으로 보이는 신경 질환)을 가진 여자아이들뿐만 아니라 건강한 여자아이들도 관찰했습니다. 그 결과 두 집단의 가족이 완전히 다른 세계에 살고 있다는 사실을 확인했습니다. 둘 사이의 차이는 상상을 초월할 정도입니다. 신경정신과적인 장애를 가진 여자아이들, 물론 남자아이들도 마찬가지입니다만, 그런 아이들이 있는 가정이 얼마나 큰 부담을 안고 살아가는지 아무도 짐작하지 못합니다. 스트레스 요인이 엄청납니다."

강당 안은 조심스러운 헛기침 소리와 누군가가 수첩을 뒤적이는 소리를 제외하고는 쥐 죽은 듯이 조용했다.

"이런 가정에서는 이혼율이 분명히 더 높습니다. 특히 어머니들이 심각한…… 정말 견딜 수 없는…… 스트레스에 시달리고 있습니다. 왜냐하면…… 왜냐하면 우리가 이런 가정을 도울 생각이 전혀 없기 때문입니다. 우리 스웨덴이 복지국가라는 평판이 무색할 지경입니다. 신경정신과적인 병을 앓고 있는 자녀를 둔 어머니들은 수년간 엄청난 스트레스를 견뎌야 할 뿐만 아니라 무지하기 짝이 없는 관청을 상대해야 합니다."

강당을 나서면서 가브리엘라는 병을 앓느라 모든 힘이 완전히 고갈된 열 살짜리 아이들 이야기를 해 주었다. 마치 사회진

화론(사회가 일정한 방향으로 진화, 발전한다고 보는 이론. 사회진화론자들은 인간 사회의 생활은 적자생존의 원칙이 지배하는 생존경쟁으로 사회는 자연선택 과정을 통해 우수한 경쟁자가 살아남고 인구의 질이 계속 향상되는 방향으로 발전한다고 보았음.)에서 나온 질 나쁜 농담처럼 들렸다. 하지만 나는 그런 아이들이 실제로 존재한다는 사실을 알고 있었다. 내 두 눈으로 직접 보았기 때문이다. 잠시 후 가브리엘라는 아스퍼거 증후군을 앓는 어떤 여자아이 이야기를 했다. 그 아이는 2년 동안이나 침대를 떠나지 않아 아킬레스건이 짧아지는 바람에 이제 더는 걸을 수 없게 되었다고 했다.

한없이 무거운 마음으로 나는 생각했다. 누가 이 아이들을 위해서 싸울 것인가? 사람들이 멈춰 서서 귀를 기울이도록 누가 큰 소리로 외칠 것인가? 나는 안다. 우리의 도움이 없이는 아무도 그럴 능력이 없다는 사실을. 그 병에 관해서 얼마나 많이 들었든, 얼마나 많은 기사를 읽었든 상관이 없다.

남들과 다르다는
이유로

나는 1970년대 소규모의 블루칼라 주거지역에서 성장했다. 민중의 집(스웨덴 사회민주당과 스웨덴 복지국가의 역사에서 매우 중요한 역할을 한 정치 개념. 1928년 사회민주당 지도자인 페르 알빈 한손이 스웨덴이 좀 더 '좋은 가정'처럼 되어야 한다고 말하면서 도입한 개념으로 평등과 상호이해를 강조함. 한손은 전통적인 계급사회가 민중의 집으로 대체되어야 한다고 역설했음.) 어린이로 풍요롭게 자랐다. 그로부터 35년이 지난 요즘, 아이들과 내 딸들을 볼 때마다 '내가 이 시대에 살고 있는 아이라면 도저히 적응을 못 했겠구나.' 하는 생각이 든다.

현대는 사회 전체가 대단히 빠른 속도와 큰 소리, 엄청난 유혹, 돈과 성공에 대한 집착으로 가득 차 있다. 음악과 예술로 특화된 학교의 개인 수업은 비용이 적게 드는 그룹 수업으로 대치되어 그룹 활동에 맞지 않는 재능 있는 아이들이 떨어져 나가는 결과를 가져온다. 남들과 다르다는 특성이 오히려 창의성과 자신감으로 전환될 수 있음에도 불구하고 아웃사이더로 밀려나는 아이들이 참으로 많다. 실패를 돈벌이로 삼는 셈이다.

정치가들의 거짓말

NASA는 1960년대에 맨해튼의 작은 식당 위층에 허름한 사무실을 얻어 지부를 냈다. 그리고 그 식당은 나중에 〈사인필드〉라는 시트콤 덕분에 아주 유명한 장소가 되었다. NASA의 맨해튼 지부는 다른 무엇보다도 온실효과를 중점적으로 연구하는 데 목표를 두었다.

제임스 한센은 약 30년 전쯤 미국 의회에 출석해 지구온난화가 왜 단순히 기우가 아니라 엄연한 현실인지를 설명했다.

"자연의 변화에 의해서가 아니라 인류가 배출한 이산화탄소를 비롯한 다른 온실가스로 인해 지구온난화가 일어날 가능성이 99퍼센트입니다."

한센이 1988년 6월 23일에 했던 말이다. 그러나 기후 운동가와 환경 운동가를 제외하면 그의 이름을 들어 본 사람이 과연 얼마나 될까? 지난 30년간 한센을 포함해서 수많은 학자들이 발표한 연구 결과를 알고 있는 사람은 또 얼마나 될까? 우리가 기후 문제를 가볍게 여기지 않았다면 한센은 이미 오래전에 유명해졌을 테고, 지속 가능성 위기 문제 해결에 어떤 식으로든 공헌한 사람들이 노벨상을 받았을 것이다. 하지만 실상은 그렇지 않다. 한센의 예측이 불편할 정도로 정확하게 들어맞았지만 그는 여전히 이단아 취급을 받고 학회의 회장들에게 무시당한다. 게다가 한센은 파리기후협정에서 채택된 내용이 실패할 수밖에 없다고 비판한다. "정치가들은 대책을 강구할 생각이라고 주장하는데 그 주장이야말로 진짜 거짓말입니다."라고 한센은 말한다. 그의 말은 맞았다.

미국 의회에서 그가 연설한 이후 30년 동안 이산화탄소 배출량은 줄어들기는커녕 오히려 68퍼센트나 증가했다. 재생에너지를 사용하는데도 불구하고, 태양열 발전소와 풍력발전소 설립에도 불구하고 1988년보다 훨씬 더 많은 화석연료가 사용되고 있다. 우리는 여전히 잘못된 방향으로 나아가고 있다.

위기가 곧
위기의 해결책이다

　#미투 운동(성폭력 피해자들이 SNS를 통해 자신의 피해 경험을 잇달아 고발한 현상. 피해자들은 미투 해시태그를 붙여 연대 의지를 밝혔으며, 이를 계기로 특히 사회 각 분야에서 빈번하게 발생하는 권력형 성폭력의 심각성에 주목하게 되었음.)이 언론의 표면에 등장했을 때 기나긴 세월 대중의 관심을 끌기 위해 온갖 노력을 기울였던 페미니즘에 한 줄기 빛이 비쳤다. 견고하게 막혀 있던 벽에 틈이 생겼다.

　수십 년간 들어 주는 사람 없이 소리 높여 의견을 외쳤던 사람들이 갑자기 자기 말에 귀를 기울여 주는 청중을 만났다. 전혀 기대하지 않았던 순간에 작은 기적이 일어난 것이다. 물론 엄밀하게 따지면 기적이 아니라 언론 편집자들의 집단적인 결정에 따른 결과였다.

　언론에서 어떤 문제를 취급하기로 결정하면 모든 게 달라진다. 미투 운동이 가장 좋은 증거다. 이런 이유로 환경 운동가들은 기후 문제에 있어서도 비슷한 현상이 일어나기를 희망한다. 하지만 기후 운동은 130년간(페미니즘이 여성의 권리 회복을 위한 운동을 가리키는 뜻으로 사용되기 시작한 것이 1890년대였음.) 아주 조금씩 발전해 나가는 데 만족해야만 했던 페미니즘과는 입장이 다르다. 우리에게는 시간이 없기 때문이다. 기후 문제에 관한 한 시간이 정말 촉박하다. 2년 이내에 우리 사회 전반에 걸쳐 급진적인 변화가 활발하게 진행되어야 한다.

리질리언스(교란을 흡수하여 전과 다름없이 기본 기능과 구조를 유지하는 시스템의 능력으로 '복원력' 또는 '회복탄력성'이라고 부름.)를 연구하는 요한 록스트룀(스톡홀름대학의 교수로 지구의 지속 가능성과 수자원 문제의 전문가. 스톡홀름 환경 연구소 소장과 스톡홀름대학 내 스톡홀름 회복탄력성 센터장을 역임하였음.)은 이렇게 말한다.

"우리에게는 급진적인 변화가 반드시 필요하다는 인식이 없습니다."

우리는 위기에 처해 있으나 실제로 위기로 취급하지 않는다. 기후 위기에 관한 연구 보고서는 수없이 많지만 그에 대한 보도는 최소한에 그친다. 예테보리대학의 리서치 기관인 SOM에서 매년 발행하는 보고서에는 스웨덴 국민을 가장 불안하게 하는 문제가 기후변화라는 내용이 여러 차례 실려 있다. 그럼에도 불구하고 여론조사 기관인 SIFO의 2016년 조사에 따르면 환경문제는 정치적인 이슈 가운데 언론에서 가장 적게 다룬 문제였다.

언론에서 기후 문제와 지속 가능성 문제를 취급하는 방식은 완전히 실패다. 인류의 운명을 좌우하는 중차대한 문제인데도 그것을 다루는 글은 기껏해야 몇 개의 기사와 칼럼, 르포르 타주뿐이다. 반면에 여행 관련 르포르타주나 쇼핑 정보, 모터 스포츠 소식은 신문과 뉴스 전면에 넘쳐난다. 라디오나 TV 방송에서 기후 문제에 관한 논쟁이 열리면 대부분은 상반되는 두 가지 관점이 대립한다. 기후 문제가 정말로 신문 표제 기사를 장식하는 경우는 없다. 특별 방송이나 교육 캠페인의 대상이 되는 일도 없으며 기후 위기의 해결 방안을 모색하는 대담이 열리는 일도 없다.

생태계보다 경제가 우선이다. 이것이 현대사회의 좌우명이다. 기후 위기는 위기가 아니라 오히려 '녹색 경제'를 정착시킬 기회로 간주되고 있다. 이것이 바로 우리가 세상을 구할 수 있는 계획이다. 이것이 바로 기후 위기에 대한 경고의 메시지, 사람들을 진실에 눈뜨게 해 줄 그 메시지가 사람들을 곤란에 빠뜨리지 못하게 막을 전략이다. '뭐라고? 기후 위기가 정말 존재한다고! 난 전혀 몰랐는데. 하지만 그게 사실이라고 해도 상관 없어. 파리기후협정을 지키는 게 오로지 제한을 의미한다면 차라리 비너스 신드롬(태양에서 두 번째로 가까운 행성인 금성을 서양에서는 비너스라고 부르는데 대기 중 이산화탄소 농도가 96퍼센트 이상이라 온실효과로 인해 금성의 표면 온도가 섭씨 460도에 이른다. 비너스 신드롬은 지구의 온도가 끝없이 자꾸 오르는 과정에 있다는 것을 나타내는 말임.)이 낫겠다. 해수면이 65미터 상승하고 생물종이 대량으로 멸종하며 대양이 보라색으로 변하고 산성화된다고 해도.'라고 생각할 것이다. 바로 이것이 오늘날 우리의 현실이다.

뉴스 편집자들은 대중에게 충격을 주어서도, 대중을 비난해서도 안 된다. 또한 무거운 사실들, 알다시피 지구 역사상 대규모 멸종 사태가 발생했을 때보다 대기 중 이산화탄소 농도를 열 배나 빠른 속도로 증가시키고 있는 모든 것에 대해 사실 그대로 밝혀서도 안 된다. 가뜩이나 소극적인 기후 활동이 위축될 우려가 있기 때문이다. 따라서 새로운 희망적인 소식이 필요하다. 페이스북에 올라가면 '좋아요'를 받을 수 있는 그런 소식.

그런데 여러분이 알아야 할 일이 있다. 우리에게 이미 새로운 소식이 있다는 사실이다. 이 새로운 소식은 하늘에 있는 천사들이 기쁨의 합창을 부르고 공중제비를 돌 만큼 희망적이다. 우리는 기후 문제를 벌써 해결했다! 심지어는 그 해결책들이 효과가 있으리라는 사실도 알고 있다! 더군다나 그 해결책들은 사회계층간 격차의 심화와 정신적인 질환들, 성차별 같은 다른 문제들도 없애 버릴 수 있을 정도로 뛰어나다.

하지만 한 가지 걸림돌이 있다. 그 해결책들이 효과를 발휘하려면 몇 가지 근본적인 변화가 필요하며 일부의 희생이 불가피하다. 예를 들어 탄소세(지구온난화를 방지하기 위해 이산화탄소를 배출하는 화석연료의 사용에 대해 부과하는 세금으로 1991년 12월 유럽 공동체 에너지 환경 각료회의에서 탄소세 도입 방침이 처음으로 합의되었음.)가 강화되어야 한다.

우리는 이산화탄소 배출량 감축을 최우선 과제로 삼아야 한다. 나무를 많이 심고 기존 삼림 대부분을 보존해야 한다. 삼림은 우리 인류를 구원할 자산이므로 그에 걸맞게 존중받아야 한다. 또한 우리 삶의 속도를 늦추고 더 작은 규모의, 더 공동체적이고 더 지역 중심적인 삶을 추구해야 한다. 지역 민주주의로부터 시작해서 공동의 에너지 생산과 식량 생산에 이르기까지. 우리는 협력을 해야 한다. 기후 문제는 인류 전체의 문제이며 인류 전체가 힘을 합칠 때에만 해결될 수 있기 때문이다. 전 세계적으로 매년 화석연료에 쓰는 수십 억을 풍력발전소와 태양열발전소를 위해 사용해야 한다. 그 액수를 두 배로 증액하는 일도 별로 어렵지 않을 것이다. 우리가 원하기만 한다면 이 모든 일들을 할 수 있다. 하지만 그러기 위해서는 무언가 해야 한다. 예를 들어 기후 위기를 타개할 획기적인 발명품을 기다리지 말고 기존 기술을 활용하는 방법을 궁리해야 한다. 획기적인 발명품이 나온다고 해도 어차피 시기적으로 너무 늦을 가능성이 높기 때문이다.

생활습관을 근본적으로 바꾸어야 하며 우리 대부분이 생태계를 배려해 몇 걸음 뒤로 물러서야 한다. 기후 문제의 위험성을 알면서도 기후와 생태계를 망가뜨리면서 이윤 추구에 앞장섰던 기업들은 자신들이 야기한 기후 문제에 대해 책임져야 한다. 일반 국민이 기후 문제를 일으키지도 않았고 우리 모두가 기후 문제에 책임이 있는 것도 아니지만 미래 세대가 살아갈 여건을 확보해 주는 일은 우리 모두의 공통된 의무다. 미래 세대의 삶이 우리 손에 달려 있다.

기술이 우리를 구할 수 있다고 믿는가? 그렇다면 팔룬 시에 있는 스키 점프대 앞에 서서 위를 올려다보라! 최대한 빨리 제로 수준으로 내려가야 할 이산화탄소 배출량이 얼마나 가파른 상승 곡선을 그리고 있는지 보일 것이다. 이 사실은 날마다 모든 신문의 1면을 장식해야 한다. 우리의 운명이 언론의 손에 달려 있다고 해도 과언이 아니다. 우리에게 남은 짧은 시간 동안 비교적 많은 사람들에게 도달할 수 있는 것은 언론 매체만이 유일하기 때문이다.

위기는 우리가 그것을 위기로 여길 때에만 해결될 수 있다. 사고를 겪어 본 적이 있다면 내 말이 무슨 뜻인지 알 것이다. 위기 상황에서 우리는 초능력을 발휘한다. 자동차를 들어 올리고 응급처치를 하며 목숨을 구한다. 길에서 누군가 쓰러지면 주위 사람들이 모든 것을 제쳐 놓고 돕기 위해 달려온다. 위기가 곧 위기의 해결책이다. 위기에 처했을 때 비로소 우리의 행동 습관을 바꾸기 때문이다. 위기 상황에서 우리는 거의 모든 것을 해낼 수 있다.

우리가 아직 찾지 못한 해결책과 발명품을 다음 세대가 찾아낼 것이라 믿고, 삶의 속도를 늦추면서 더 지역 중심적인 삶을 택하면 대부분의 사람들이 더 행복해질 것이다. 우리가 끊임없이 가장 가까운 대도시로, 다음 휴가로, 다음 비행장으로 그리고 그것이 무엇이 됐든 다음 목표로 달려가는 행동을 더 이상 하지 않는 덕분에 이 세상 어디에선가 사람들이 살아남을 수 있다면 대부분의 사람들이 더 행복해질 것이다. 앞으로 나아가는 우리의 발걸음이 점점 더 느려질수록 세계는 점점 더 넓어질 것이다. 우리 사회가 지속 가능성을 최우선 과제로 삼는다면 우리 모두가 행복해질 것이다.

정치가들의 공허한 말

　선거철이 시작되었다. 2018년 7월. 갑자기 모든 정치가들이 기후변화를 언급한다. 아마도 더는 회피할 수 없는 주제가 되었기 때문이리라. 몇 달에 걸친 더위와 가뭄 끝에 기후 전문가들이 수십 년째 경고한 일이 일어났다. 흉년이 들고 수원이 말라버렸다. 스웨덴이 불타고 있다. 삼림과 늪지대가, 북부의 옐리바레와 요크모크에서부터 아래쪽 남부지방의 경작지까지 폭염에 시달리고 있다. 언론에서 기후 위기에 관한 보도가 계속되자 며칠 지나지 않아 우리 국토의 약 6분의 1이 기후변화가 가장 첨예하게 드러나는 북극권에 위치하고 있다는 사실이 무엇을 의미하는지 서서히 깨닫게 됐다. 지구 온도가 섭씨 1도만 올라가도 기후 위기가 우리 눈앞에 다가오고, 기후와의 싸움 최전선 바로 뒤에 서 있다는 사실이다.

　그러나 우리 국민의 대표들은 이 문제를 언급하지 않으려 한다. 기후 위기의 원인이나 결과에 대해 말을 꺼내는 정치가는 단 한 사람도 없다. 정치가들에게 가장 중요한 일은 선거에서 이기는 것이다. 선거에서 이기고 싶은 정치가는 사태를 있는 그대로 언급하지 않는다. 사람들이 듣고 싶어 하는 말만 하기 때문이다.

정치가의 연설에 "기후는 우리 시대의 운명을 좌우하는 문제입니다."라는 말이 잠깐 등장하기는 하지만, 거기서 내세우는 분석은 연예 잡지에 실린 점성술만큼이나 얄팍하다. 정치가들의 주장에 따르면 행동에 나서야 하는 것은 다른 나라들이다. 나머지 모든 의견들은 정치적인 미사여구로 취급된다.

그들은 우리가 배출하는 이산화탄소의 절반 이상이 통계에는 아예 포함되지도 않는다는 사실을 단 한 마디도 하지 않았다. 그게 더 편리하기 때문이다. 그들은 스웨덴의 생태 발자국이 세계에서 가장 큰 10대 국가 가운데 하나라는 사실을 단 한 번도 지적하지 않았다. 또한 서류상으로는 산드비켄 시에서 예블레 주까지 버스를 타고 가는 게 비즈니스 클래스로 뉴질랜드까지 왕복하는 비행기 여행보다 이산화탄소 배출량이 많다는 사실도 함구한다. 국제선을 이용하는 비행기 여행은 통계에 들어가지 않기 때문에 가능한 일이다. 외국에서 물품을 수입하는 화물선 운행도 통계에 들어가지 않는다.

우리는 국내의 적절한 임금을 피하기 위해서 수많은 제품의 생산 공장을 임금이 싼 나라에 세웠다. 그리고 그에 따른 영향으로 이산화탄소 배출량이 꽤 많이 감축되었다. 덕분에 우리는 이제 다른 나라들 앞에서 우쭐댈 수 있게 되었다. 공장을 중국과 베트남, 인도로 이전하면서 탄소 배출량 수치가 낮아졌기 때문이다. "이 나라들은 생활수준 향상을 위해서 우리의 산업과 무역이 필요합니다."라는 선전 문구를 우리는 심심치 않게 본다. 하지만 지구 온도가 섭씨 1.5도만 높아져도 그 나라들은 완전히 다른 문제로 고민하게 될 것이다. 예를 들어 과연 그곳에서 계속 살 수 있을지가 불투명해진다.

스웨덴의 가장 큰 정당 소속 정치가들은 "스웨덴은 너무나 작은 나라입니다. 따라서 우리는 다른 나라들이 행동에 나서도록 만드는 데 힘을 기울여야 합니다."라고 말한다. 언론은 그들의 입장을 지지한다. 그들의 논리대로라면 우리는 세금을 낼 필요가 없을 것이다. 결국 '전체에서 내 세금이 차지하는 비중은 너무나 작아서 내지 않아도 상관없을 것이다. 세금을 내는 대신 그 돈을 나와 내 가족에게 필요한 것에 사용해야 하지 않을까. 다른 것들은 모두 허울 좋은 속임수에 지나지 않는다.'라고 생각해도 될 테니까.

코스타리카처럼 작은 나라가 일회용 플라스틱 사용을 금지하자 그 소식은 즉시 소셜 미디어를 통해 급속도로 전파되었다. 전 세계가 바람직한 사례가 되는 일을, 희망을 불어넣는 소식을 갈구하고 있다. 그 소식이 비록 금지와 제한을 의미할지라도 사회 전체, 혹은 지구 전체에 유익한 일인 한 사람들의 환영을 받는다. 그럼에도 불구하고 스웨덴에서는 그 어떤 언론에서도 코스타리카가 바람직한 유행을 선도했으며 인도 같은 나라가 벌써 그 조치를 따르고 있다는 사실을 언급하지 않는다. 물론 스웨덴에도 기후 문제를 인식하고 해결하기 위해 노력하는 몇몇 정치가들이 있다. 그러나 국민들은 그들의 말에 귀를 기울이지 않는다. 그들은 여론의 환심을 사지 않기 때문이다. 기후 문제에 관한 논쟁은 한 번도 제대로 이루어진 적이 없다. 기후 문제를 인식하는 사람들과 인식하지 못하는 사람들 사이의 간극이 도저히 메워질 수 없을 정도로 너무나 크기 때문이다. 한쪽은 벌써 제117항에 도달해 있는데 다른 쪽은 여전히 제2항에 머물러 있는 형국(파리기후협정에서 채택된 합의문 전문은 140개 조항으로 되어 있는데 기후 문제를 인식하는 사람들이 거의 마지막 부분까지 도달한 반면 그렇지 않은 사람들은 겨우 출발점에 머물고 있음을 가리키는 듯함.)이다.

우리는 세 명의 로슬링(스웨덴의 의사이자 통계학자인 한스 로슬링, 역시 통계학자인 올라 로슬링과 그의 아내인 안나 로슬링 뢴룬드를 가리킴.)이 쓴 《팩트풀니스》를 읽는다. 여러 가지 관점에서 주목할 만한 책이지만 그 책조차도 기후 위기와 지속 가능성 위기를 시급한 문제로 다루지 않는다.

"기후변화를 우려하고 있는 사람들은 일어날 가능성이 희박한 시나리오로 대중을 불안하게 만드는 일을 중단해야 합니다. 대부분의 사람들이 기후 문제에 관해 이미 알고 있으며 그 심각성을 인정하고 있습니다. 굳이 그 문제를 끊임없이 언급할 필요는 없습니다. 문제를 계속 반복적으로 말하기만 할 게 아니라 행동으로 한 걸음 나아가야 합니다. 우리가 가진 에너지를 말하는 데 사용하는 대신 필요한 조치들을 취함으로써 문제를 해결하는 데 써야 합니다. 그리고 그 조치들은 불안과 절박함에서 나오는 게 아니라 자료에 대한 객관적인 분석을 통해 얻어집니다."

이 시대의 유명한, 그리고 마땅히 칭송받을 만한 대중 교육가 세 사람이 책에 쓴 내용이다. 그리고 이 생각은 세 명의 로슬링과 갭마인더(스웨덴의 비영리 통계 분석 서비스로 한스 로슬링과 올라 로슬링 부부 세 사람이 공동으로 설립하였으며 유엔의 데이터를 바탕으로 한 인구 예측, 부의 이동 등에 관한 연구 논문과 통계 정보를 공유함.)만의 생각이 아니다. 이런 입장은 기후 정책 담당자와 정치가, 뉴스 편집자와 경제계 대표 사이에도 널리 퍼져 있고, 기후 문제에 관한 주류 의견을 이루며 여론에 부합한다. 그러나 과연 이 생각은 옳은 걸까? 환경 단체와 기후 전문가들이 거짓된 정보를 퍼뜨리고 있는 걸까? 수만 명의 학자가 우리에게 공포심을 조장하려는 걸까? 그리고 무엇보다도 과연 마음을 가라앉히고 객관적인 분석에 몰두해도 좋을 만큼 충분한 시간이 우리에게 있을까? 아니, 오히려 기후로 인한 변화들이 너무나 급속하게 진행되는 바람에 넘쳐나는 정보들을 다 따라잡지 못할 정도가 아닌가?

우리는 그저 생활에 지장을 줄 대기 중 이산화탄소 농도에 관한 사소한 통계 자료들만 계속 지적하고 있다. 기후 문제가 현대사회의 시스템 전체가 잘못되었다는 증거라는 사실은 어디에서도 언급되지 않고, 기후변화는 단지 하나의 문제로 간주될 뿐이다. 그리고 알다시피 문제들이란 새로운 기술로 방법을 고안해 내면 다 해결될 수 있는 것으로 여겨진다. 이와 다른 견해를 주장하는 연구 결과가 나오면 즉각적으로 새로운 연구 조사가 착수된다. 그래야만 우리가 듣고 싶은 의견을 들을 수 있기 때문이다. 그리고 그런 과정은 끊임없이 되풀이된다.

기후 문제에 대한 이러한 접근 방식은 참으로 위험하다. 무엇보다도 나를 불안하게 하는 것은 세 명의 로슬링 경우처럼 "대부분의 사람들이 기후 문제에 관해 이미 알고 있으며 그 심각성을 인정하고 있다."는 주장이 지속적으로 되풀이되고 있다는 사실이다.

2018년 여름, 고틀란드 섬에서 열린 알마달렌 주간(고틀란드 비스뷔 시에 있는 알마달렌 공원 안과 그 주변에서 매년 27번째 주에 연설, 세미나 및 기타 정치 활동을 내용으로 일주일간 열리는 연례행사이며 '알마달렌 정치 박람회'라고도 불림.)의 마지막 날 스웨덴 부총리는 이렇게 말했다.

"어느 날 우리는 손주들의 눈을 똑바로 쳐다보면서 우리가 위험을 알아채고 미리 제거했다고 말할 수 있을 겁니다. 그게 아니라면 위험을 알면서도 아무런 조치를 취하지 않았다고 말해야 할 겁니다."

이 발언이 상당히 의심스러운 인간상을 바탕으로 하고 있는데도 불구하고 그 말의 배경을 따져 보는 사람은 없는 것 같다.

우리가 실제로 사태를 파악하고 있으면서도, 행동의 결과를 충분히 의식하고 있으면서도 사태를 변화시키기 위해 아무것도 하지 않는다면…… 우리는 도대체 어떤 사람들인 걸까? 그리고 그런 의심스러운 인간상을 대표하는 사람들은 대체 어떤 사람들인 걸까?

남들과
다르다는 것

나는 구제불능인 사람이다. 실생활에 관련된 일들에 쩔쩔매는 경우가 대부분이다. 나는 운전면허증이 없다. 스무 살이나 먹어서 빵을 플라스틱 용기에 데운 적이 있을 정도다. 인터넷뱅킹으로 돈을 송금하는 방법도 전혀 모른다. 나는 해야 할 일들을 모두 적어서 긴 목록을 작성해 둔다. 그렇게 하지 않으면 아무것도 처리하지 못하기 때문이다. 그리고 무언가에 너무 깊이 빠지는 바람에 다른 것들을 전혀 못하는 경우도 많다. 만일 내가 오페라 가수가 되지 못했다면 아무것도 제대로 할 수 없는 사람이 되었을 것이다. 아마도 자신이 앓고 있는 ADHS를 깨닫지 못한 채 나락으로 떨어지고 말았을 것이다.

오늘날의 사회는 우리에게 외향성을 요구한다. 모든 분야를 어느 정도 다 할 수 있기를 기대한다. 하지만 아무리 전문가적 지식을 가졌더라도 자기 생각을 충분히 표현할 언어능력이 없으면 고등학교 수준의 요구 사항조차 만족시킬 수 없다. 이처럼 한 분야에서는 매우 뛰어나지만 관심사 외의 다른 분야에서는 엉망인 사람들은 어떻게 될 것인가? 수줍은 성격의 사람들은 어떻게 될 것인가? 다른 사람들 앞에서 말을 해야 하는 상황이 되면 육체적 불편함과 고통을 느끼는 사람들은 어떻게 될 것인가? 오늘날 우리가 가장 중요하게 여기는 사회적 경쟁력을 갖추지 못한, 우리 국민 상당수는 어떻게 될 것인가? 다수의 학생들과 뚜렷하게 구별되는 특성을 지닌 아이가 현재와 같은 스웨덴의 교육 방식 아래에서 제대로 성장할 가능성이 조금이라도 있을까? 아마도 없을 것이다. 그런 아이가 제대로 성장한다면 언젠가 자신이 가진 감수성과 공감 능력, 다른 사람의 말에 귀를 기울이는 능력을 마음껏 발휘하는 직업에서 뛰어난 존재가 될 수 있을 텐데, 안타깝게도 그런 아이들이 제대로 성장할 가능성은 거의 없다.

그렇게 사라져 버릴 위험에 처해 있는, 그런 아이들이 지닌 잠재력은 너무나 소중하다. 남들과 다르다는 것은 예술의 기본적인 토대가 되기 때문이다. 예술 없이는 조만간 모든 게 재로 변해 버릴 것이다.

미래를 위한
등교 거부

그레타와 스반테 그리고 나는 웁살라대학에 있는 환경 발전 교육센터 CEMUS에서 케빈 앤더슨과 그의 동료 이삭 스토다르드를 만나기로 약속했다. 우리가 그 두 사람과 만나는 것은 처음이 아니었다. 작년에도 두 사람을 포함한 몇 사람과 함께 우리가 비행기 여행을 포기한 이유를 밝히는 기사를 작성했다. 올림픽에서 메달을 딴 바이애슬론 선수 비에른 페리와 그의 아내이자 팔씨름 선수인 하이디 안델손, 정치학자 스타판 린드베리 그리고 기상학자인 마틴 헤드베리 등이 기사 작성에 참여했다. 〈다겐스 니헤테르〉에 실린 그 기사는 매우 주목을 받았으며, 몇 달 지나지 않아 모든 언론 매체에서 비행에 관련된 논쟁이 불붙는 계기가 되었다.

몇 주째 비가 내리지 않아 웁살라대학 교정의 잔디는 초여름 햇볕에 말라붙어 있었다. 케빈은 자기가 머물고 있는 게스트하우스가 밤에도 어찌나 더운지 창문을 활짝 열어 놓고 잔다고 말했다. 그는 "그리스 날씨 같습니다."라고 말했다. 우리는 원두커피와 귀리 우유를 섞은 잔을 손에 든 채 소파와 책장이 있는 소회의실로 자리를 옮겼다. 케빈은 차를 마셨다.

"스웨덴 같은 나라가 이산화탄소 배출량을 얼마나 감축해야 하는지 의견이 분분합니다."

스반테가 말을 꺼내며 휴대폰의 녹음 기능 버튼을 눌렀다.

"앤더슨 박사님과 다른 학자들은 10~15퍼센트 감축해야 한다고 주장하는 데 반해 정치가들과 자연 및 환경보호 관청은 5~8퍼센트라고 하는데 왜 이렇게 차이가 나는 겁니까?"

"거기에는 여러 가지 이유가 있습니다. 5~8퍼센트는 항공교통과 해상 교통 그리고 해외 공장은 감안하지 않은 수치입니다."

케빈이 설명했다. 그의 말은 빠르고 분명했으며 우리가 만나온 사람들 가운데 그 누구보다 설득력이 있었다.

"더군다나 그 계산에는 스웨덴 같은 선진국이 개발도상국에 약속한 최소한의 지원이 전혀 포함되지 않았습니다. 교토의정서와 파리기후협정에 명백하게 제시되어 있는데도 불구하고요. 우리는 이산화탄소 배출량 감축 의무에 동의하기는 했지만 우리 스스로 정한 범위를 무시하고 있습니다. 그리고 가장 중요한 문제가 있습니다. 우리의 배출 감소 전략이 네거티브 배출 기술(대기로부터 이산화탄소를 직접 제거하는 기술)을 기반으로 한다는 점입니다. 하지만 네거티브 배출 기술은 아직 완전히 개발되지 않았을 뿐만 아니라 개발되더라도 그 기술을 통해 우리가 현재 설정한 기후 모델을 실현하는 데 얼마나 효과가 있을지 의문입니다. 어이없게도 사실 불과 2년 전까지만 해도 많은 기후학자들이 이 사실을 모르고 있었습니다. 제 동료 여러 명은 이산화탄소 배출량 감축에 대한 미래의 전망이, 아직 개발되지 않은 몇몇 기술뿐 아니라 모든 기술에 의존하고 있다는 사실을 알고는 그야말로 충격에 빠졌지요."

케빈은 잠깐 말을 멈추었다가 다시 시작하더니 동료들의 반응을 좀 더 자세하게 알려주었다. 스반테가 중간 중간 질문과 메모를 하는 동안 나는 아무 말도 하지 않은 채 앉아 있었다. 기후 전문가들과 얘기를 나눌 때마다 나는 대화에 끼어들기보다는 침묵하는 편이다. 그렇게 하는 편이 더 많은 것을 알게 되기 때문이기도 하고 무언가 어리석은 말을 해서 우스운 꼴이 될까 봐 겁이 나서이기도 하다.

"이삭과 제 계산에 따르면 스웨덴 같은 선진국은 이산화탄소 배출량을 매년 최소한 10~15퍼센트 감축해야 합니다. 지금 당장 그렇게 해야만 2025년까지 현재 배출량의 75퍼센트를 줄일 수 있습니다. 그것이 지구 온도 상승폭을 산업혁명 이전 기준과 비교해 섭씨 2도 아래로 유지한다는 목표를 달성할 유일한 방법입니다. 그리고 2035년부터 2040년 사이에 배출량 제로에 도달해야 합니다. 그러려면 당연히 비행기와 선박의 운항, 수송이 제로 상태가 되어야겠지요."

잠깐 동안 우리의 시선이 마주쳤다. 케빈의 말은 정치가나 경제계 인사들이 즐겨 언급하는 소위 '녹색 경제로의 전환'과는 한참이나 동떨어진 생각이었다.

"우리 계산으로는 현재 수준의 배출량 기준으로 우리에게 남은 시간이 6~12년 사이입니다. 그런데 이것은 해외 공장들을 포함하지 않은 숫자입니다. 그 공장들까지 고려하면 남은 시간이 더 적습니다."

케빈의 말이 이어졌다.

"저는 강연을 마무리할 때 종종 미국의 미래학자이며 지속 가능성 전문가인 알렉스 스테펜의 말을 인용합니다. 그는 '천천히 성공하겠다는 말은 곧 실패하겠다는 말과 같다.'고 말했지요. 저는 그의 말에 전적으로 동의합니다. 우리에게는 더 이상 시간이 없습니다. 지금 바로 사고방식을 전환해야 합니다."

스웨덴은 최근 기후에 관한 새로운 법안을 의결했다. 많은 기후 정책 담당자들이 무척 자랑스럽게 여기는 법안이다. 법안 그 자체는 상당히 긍정적인데도 이삭과 케빈 두 사람 모두 그다지 감명을 받지 않은 것 같았다.

"그 법안이 효과가 있으려면 즉시 수정, 보완되어야만 합니다."

케빈이 설명했다.

"탄소 예산에 대한 내용이 포함되어야 하고 파리기후협정에서 채택된 대로 재정적인 수단과 인프라를 갖추지 못한 개발도

상국에 대한 지원을 보장해야 합니다. 기후 문제의 해결 방안을 논의할 때 앞으로는 모든 계산이나 법안 의결이 그런 공정성의 관점에 입각해 이루어져야만 합니다. 선박 운항이나 국제적인 항공교통과 같은 요소도 감안해야 합니다. 그래야만 현실을 제대로 반영한 정책이 수립될 수 있습니다."

작년 겨울 케빈은 스웨덴 왕립 학술원에서 강연을 했다. 왕위 계승자인 빅토리아 공주도 참석한 자리였다. 강연 서두에 그는 참석한 청중들에게 기후 위기가 건강에 미치는 악영향에 대해 경고했다. 자신의 복잡한 연구 주제에 좀 더 쉽게 접근하기 위해서였다. 몇 년 전이었다면 우리도 두 사람과 대화를 나누기 전에 초보자를 위한 설명을 필요로 했을 것이다. 하지만 기후 문제는 그동안 우리 일상생활에 깊숙이 자리 잡았다.

"거의 30년 전부터 우리는 기후변화에 대해서 알아야 할 모든 사실들을 이미 알고 있었습니다. 그런데도 그 30년 동안 아무것도 하지 않았지요. 스웨덴처럼 진보적인 국가들조차 적극적으로 대처하려는 어떤 노력도 하지 않았습니다. 항공교통과 해상 교통 그리고 해외 공장까지 포함하면 스웨덴의 이산화탄소 배출량은 유엔의 기후변화 회의가 처음 리우에서 열렸던 1992년과 똑같은 수준입니다. 우리는 경제학자가 우리의 결정을 좌우하도록 방관했어요. 우리는 해야 할 일을 하고 있다고 사람들이 믿게 만들고 있지만, 실제로는 선진국 가운데 어느 나라도 반드시 필요한 조치를 전혀 취하지 않고 있습니다. 스웨덴 말에 이런 태도를 일컫는 아주 딱 맞는 말이 있던데요, 스윈들레라고."

"스빈드레리입니다."

이삭이 정정했다. 협잡꾼들이라는 뜻이다.

"맞아요! 스빈드레리!"

케빈이 큰 소리로 웃으며 맞장구쳤다.

"우리가 말만 앞세우지 않고 실천에 옮겼더라면 기후변화가 현재와 같은 심각한 문제가 되지는 않았을 겁니다. 어느 정도 문제가 되었다 할지라도 새로운 기술과 경제적인 지침들을 통해 아마도 해결할 수 있었겠죠. 그런데 그렇게 하는 대신 우리는 지난 30년을 토론에 토론을 거듭하고 거짓말을 하고 시간을 끄는 데 허비했습니다. 이제는 우리 사회의 전반적인 시스템을 완전히 뜯어고쳐야 합니다. 현재의 경제모델로는 기후 위기를 결코 해결할 수가 없으니까요. 지속 가능성 위기는 말할 것도 없고요. 경제모델을 교체해야 합니다."

케빈은 말을 마치더니 소파에서 자세를 바꾸었다. 소파는 우리의 대화 분위기에 맞게 벼룩시장에서 산 것처럼 보였다. 다른 가구들도 하나같이 여기저기서 중고 가구를 갖다 놓은 것처럼 보였다.

"하지만 희망을 품을 여지는 있습니다. 시스템의 교체가 가능하다는 표시가 몇 가지 보이거든요. 금융 위기와 아랍의 봄

(2010년 12월 18일 튀니지에서 일어난 대규모 시위를 시작으로 이집트, 리비아, 시리아

등 아랍 세계로 번진 민주화 운동을 뜻하는 말), 노동당 당수 제러미 코빈, 트럼프 정책 반대자들, 미국 상원의원 베르니 샌더스 그리고 재생 에너지의 가격, 디젤과 벤진이 우리 건강에 미치는 영향에 대한 토론 등등…… 이 모든 것들이 우리 사회에서 무엇인가 진행 중이라는 사실을 가리키고 있습니다. 물론 금융 쪽 입장에서 보면 결코 달갑지 않은 변화이긴 하지만요."

"해시태그를 붙인 미투 운동도 있어요."

내가 덧붙였다.

"맞습니다."

케빈이 동의했다.

"모든 것이 우리 사회 전반에 걸쳐 큰 변화가 일어나고 있다는 사실을 시사하고 있어요. 희망적인 신호지요."

나는 그레타가 있는 쪽으로 몸을 숙이고 앞으로의 계획을 내가 대신 얘기해도 괜찮은지 물었다. 그레타가 고개를 끄덕였다.

"8월에 개학을 하면 그레타는 등교 거부를 할 계획이에요. 선거일까지 매일 국회의사당 앞에 앉아 1인 시위를 할 생각이랍니다."

케빈과 이삭이 갑자기 동작을 멈추고 그레타를 쳐다보았다. 그러더니 아주 기쁜 소식을 들었다는 듯 빙그레 웃었다.

"그래, 등교 거부를 얼마나 오래 할 작정이니?"

케빈이 물었다.

"3주 동안이요."

그레타가 거의 들리지 않을 정도로 작게 대답했다.

"뭐라고? 3주 동안이나?"

이삭이 확인하듯이 재차 물었다.

그레타는 긍정의 표시로 그를 바라보았다.

"그렇구나. 적어도 몇몇 정치가들이 네 말에 귀를 기울이지 않을 수 없겠는걸."

케빈은 만족스러운 표정으로 고개를 끄덕였다.

"그레타는 스웨덴에서도 '제로 아워'(미국의 10대 소녀 제이미 마골린이 창설한, 청소년이 주축인 환경 운동 단체. 제이미 마골린은 미국 정부를 상대로 미래 세대에게 건강한 기후를 보장할 것을 요구하는 소송을 벌이기도 했음.) 운동을 시작하자는 의견이 나왔을 때 전화상으로 진행한 논의에 참여한 적이 있습니다. 그때 등교 거부 아이디어를 갖게 되었지요. 제로 아워는 미국에서 시작된 새로운 운동입니다. 청소년들이 정치가들에게 왜 기후 위기를 해결하기 위한 대책을 수립하지 않는지 대답을 요구하는 거지요."

스반테가 설명했다.

"하지만 그레타는 항의만으로는 부족하다고 생각합니다. 정중한 방식의 반항이 필요하다고 믿지요. 그렇지, 그레타?"

스반테는 그레타가 함묵증 때문에 말을 할 수 없어서 대신 말할 때면 언제나 그렇게 질문했다. 그레타가 고개를 끄덕였다.

"이 등교 거부는 그레타 혼자서 모든 것을 해야 합니다. 저희가 그레타 뒤에 버티고 서서 도와줄 수는 없는 노릇이지요."

스반테가 말을 계속했다.

"어차피 기후 문제에 관한 한 저와 스반테보다는 그레타가 훨씬 더 잘 알고 있어요."

나는 얼른 끼어들었다.

"사실 그레타와 베아타가 아니었다면 저희는 기후 위기가 얼마나 심각한지 몰랐을 거예요. 저희가 기후 운동에 적극적으로 참여하게 된 것은 순전히 아이들 덕분이랍니다."

"그레타가 아주 잘했구나."

케빈과 이삭이 입을 모아 칭찬했다.

그레타의 눈동자가 반짝였다. 나는 바로 그 순간 그레타의 안에서 무엇인가 탄생했다는 느낌이 들었다. 그것은 자신이 중요하다고 여기는 일을 사람들이 주목하고 자기 말에 귀를 기울여 준다고 느낄 때 생기는 것이었다. 잠시 동안 방안은 침묵에 휩싸여 있었다. 머릿속을 맴도는 온갖 생각들이 방안을 떠돌았다. 창가의 의자에 앉아 있는, 자그마한 여자아이가 혼자 힘으로, 자신만의 확고한 의견을 가지고 세계 질서에 의문을 제기하기 위해 세간의 주목을 받기로 결정했다는 사실이 여러 가지 생각을 불러일으켰다.

지속 가능성 위기에서 탈출하는 방법을 발견하기란 불가능한 일처럼 여겨진다. 그리고 나는 불가능한 일에 도전할 만큼 정신 나간 사람들을 좋아한다. 하지만 그 정신 나간 사람이 내 아이라면 무작정 좋아할 수만은 없다. 결정권이 오로지 내게

만 있다면 아마도 나는 그레타가 등교 거부를 못하게 할 것이다. 다행히 8월이 되기까지는 아직 시간이 꽤 남았다. 그리고 아직 8학년이 되지도 않은 아이(스웨덴은 한 학년의 수업이 6월에 끝나서 방학이 시작되며 8월 개학과 동시에 새 학년으로 올라감. 2014년 5학년이었던 그레타가 기후를 위한 등교 거부를 시작한 2018년 8월에 8학년이 된다고 한 것으로 보아 1년간은 휴학한 것으로 보임.)가 하기에는 계획과 실행 사이에 엄청난 거리가 있었다.

몇 년 전 런던에서 열리는 기후 회의에서 참석자 전원에게 기후 보상을 위한 참가비를 요구하자 케빈이 참석을 거부해서 사람들의 이목을 끌었다. 그는 기후 보상이 유익하기는커녕 오히려 해가 된다는 생각이었다. 기후에 대한 보상이라는 용어 자체가 이산화탄소 배출이 보상 가능한 문제인 것처럼, 원상 복귀시킬 수 있는 문제인 것처럼, 마치 온실가스 배출이 없었던 일이 될 수 있는 것처럼 만들기 때문이다.

"기후 보상이라는 아이디어가 잘못되었다면 우리 행동을 완전히 바꾸는 것 말고 우리 행동에 대한 보상이 될 만한 다른 방법이 있나요?"

스반테가 집요하게 파고들었다.

"없습니다. 비행기를 탄다는 것은 항공사에 앞으로도 지금까지처럼 계속해도 된다는 신호를 보내는 행동입니다. 비행기를 더 많이 구입하고 공항을 신설하고…… 바로 전 세계에서 일어나고 있는 일이지요. 항공사는 계속 새로운 비행기를 주문하고 공항을 확장합니다. 우리가 비행기를 타는 한 정치가들은 항공교통을 철도 교통으로 대체할 방안을 강구하지 않을 겁니다. 기후 문제를 고려할 때 시급하게 필요한데도 말입니다. 게다가 우리가 비행기를 타는 한 엄청난 양의 이산화탄소가 대기로 배출되어 앞으로 수천 년 동안이나 기후에 악영향을 미치게 됩니다. 우리가 인도의 가난한 마을에 태양열발전소를 세워 줘도 온실가스가 사라지지는 않습니다. 물론 그렇다고 해서 그 일을 하지 말자는 뜻은 아닙니다. 태양열발전소를 건설하거나 나무를 심는 일은 생태계를 매우 이롭게 하는 일이니 당연히 해야 합니다. 그런 일이 세계적으로 충분히 일어나지 않고 있다는 사실이 오히려 유감이지요. 그런데 토양과 숲 조성 사업, 온실가스 배출은 아주 복잡하게 얽혀 있는 문제이고 그에 관한 우리의 지식은 빈약하기 짝이 없습니다. 우리가 비행을 계속하고 인스턴트식품을 계속 섭취하면 사정은 전혀 달라지지 않지요. 기후 보상은 가난한 사람들에게 우리를 위해서 굶는 대신 돈을 주겠다는 것과 다를 바 없습니다."

마이크가
꺼져 있는 동안

웁살라대학에서 몇 시간을 보낸 후 우리는 근처 공원으로 이동했다. 점심을 먹기 위해 그늘을 찾던 중 열대 식물원 옆쪽에서 적당한 장소를 발견했다. 큰 접시에 물을 담아 더위에 지친 록시에게 주자 록시는 단숨에 물을 다 핥아 마시고는 테이블 아래로 기어들어갔다. 우리는 완전 채식주의자 메뉴를 주문했다. 그레타는 점심을 싸 왔지만 저장용 유리병에 담아 온 파스타는 집으로 가는 길에 먹기로 했다.

"나도 거의 매일 너랑 똑같은 것을 먹는단다."

케빈이 그레타에게 말했다.

"사람들은 내가 거의 브로콜리와 빵만 먹는다고 말하면 농담이라고 생각해. 하지만 간단하면서도 실속 있는 식사지. 그리고 나한테는 브로콜리와 빵이 정말 맛있거든."

그레타는 가볍게 고개를 끄덕였다. 내 생각에 케빈이 한 말은 절반쯤 농담 같았다. 그는 자신의 별난 식습관을 알리고 싶다기보다는 그레타의 식습관을 이해한다는 뜻으로 그렇게 말했을 것이다.

우리는 그레타가 어렸을 때 영국에서 여름휴가를 보낸 일을 얘기했다. 그리고 나는 당연히 어린 시절 휘트비에 있는 수녀원을 방문했던 일을 이야기해 주었다. 우리는 영어로 말하는 스웨덴 사람 역할에 빠져들었다. 늘 그렇듯이 외국어로 말하다 보면 우리의 태도가 평소와 약간 달라졌다.

"원형 야외극장인 달할라는 꼭 보셔야 해요."

우리는 케빈에게 제안했다. 케빈은 웁살라에서 그곳까지 거리가 얼마나 되는지 물었다.

"30~40 킬로미터쯤 될까요?"

"자전거로 쉽게 갈 수 있어요."

이삭의 대답이었다. 그의 어조로 판단컨대 케빈은 자전거를 아주 잘 타는 것 같았다. 케빈은 동화책에 나오는, 사람들과 어울리기 좋아하는 친절한 영국인의 표본 같았다. 유머러스하고 솔직하며 공감 능력이 뛰어났다.

우리는 기후 위기가 각 개인의 삶에 영향을 미쳐 생활이 달라지는지, 친구들과의 우정을 손상시키는지에 관해서 대화를 나누었다. 케빈은 그런 문제를 겪은 적이 없었다고 말했다.

"저는 기후 위기를 부인하거나 기후 문제에 대해 회의적인 사람들을 비난하지 않아요. 심지어는 정치가나 기후 정책 담당자들도 비판하지 않습니다. 저를 정말 화나게 만드는 사람들은 같은 분야에서 연구하는 학자들, 기후 현상에 관한 사실을 많든 적든 의식적으로 왜곡하는 학자들입니다. 그들은 속으로는 심각성을 충분히 알고 있으면서도 공연히 소란을 피우는 사람으로 몰리기 싫어서 그렇게 행동하지요. 그런 행동을 볼 때면 몹시 화가 납니다."

강연할 때의 케빈을 보면 결코 화가 났다는 인상을 풍기지 않는데도 그의 마음이 들끓고 있다는 사실을 눈치챌 수 있다. 그는 열정적이면서도 신중하고 자신이 하는 일에 확신을 가지고 있는 사람으로 보인다. 그의 목소리에 잠재된 분노가 깃들어 있기는 하지만 그렇다고 해서 격분한 나머지 음성이 높아지는 경우는 한 번도 없었다.

케빈의 말이 계속되었다.

"많은 학자들은 우리가 사태를 솔직하게 밝혀서는 안 된다고 생각합니다. 너무 정치적인 태도가 된다는 이유 때문이지요. 하지만 제 생각에는 완전히 반대입니다. 의식적으로 침묵을 선택하는 일이야말로 진짜 정치적인 행동입니다. 모든 게 괜찮다는 암시를 주어 사람들이 그렇게 믿게 만드니까요. 이 암시를 통해 현재의 상황이 고착됩니다. '지금까지 하던 대로' 하라는 말이지요. 많은 학자들이 현재의 정치·경제적 제도 안에서는 사람들이 기후 위기의 실상을 알아도 그에 대응할 능력이 없기 때문에 사람들이 현실적으로 받아들일 수 있는 수준에 맞춰야 한다고 생각합니다. 하지만 저는 동의하지 않습니다. 우리는 기후 현상을 연구하는 기후학자가 아닙니까! 그러니 기후에 관한 사실을 가감 없이 있는 그대로 밝히는 게 우리의 임무입니다. 우리는 정치나 사회문제에 관한 전문가가 아닙니다. 따라서 우리의 연구 활동은 정치가들에 의해 좌우돼서도 안 되고 연구 결과가 어떻게 받아들여질 것인가에 대한 불안 때문에 영향을 받아서도 안 됩니다. 기후에 관해서 연구하고 연구 결과를 사실로 제시하는 일이 바로 우리가 맡은 역할입니다."

우리는 식사를 마치고 쟁반을 제자리에 갖다 놓았다. 우리가 남은 빵조각을 먹으라고 주자 록시는 흥분한 나머지 그릇을 쓰러뜨렸다. 케빈이 우리에게 왜 많은 기후학자들이 기후에 관한 진실을 분명하게 말하는 데 거부감을 가지고 있는지 설명하려고 했을 때 그는 다시 한 번 제임스 한센이 미국 의회에서 강연한 이후 그리고 리우에서 처음으로 유엔 기후변화 회의가 열린 다음 몇 년 동안 무슨 일이 있었는지를 말해 주었다.

"1992년 리우회의에서 기후 문제가 처음으로 진지하게 논의된 이후 우리는 그 문제들을 통제할 수 있게 될 것으로 굳게 믿었습니다. 그리고 제 생각에 이 긍정적인 입장은 현재까지도 유지되고 있지요. 그 당시에는 사태를 충분히 낙관적으로 볼 수 있었습니다. 하지만 그 이후로 제대로 된 대응책 없이 너무나 많은 시간이 흘렀고 기후 문제는 지속적으로 축적되고 날로 긴박해지고 있어요. 그럼에도 불구하고 여전히 리우회의 이후와 거의 비슷한 낙관주의적인 태도가 만연해 있습니다. 대부분의 기후학자들은 냄비 안의 개구리처럼 행동했습니다. 냄비 안

에서 익어 버리지 않으려면 너무 늦기 전에 밖으로 뛰쳐나와야
하는데 뛰쳐나올 시점을 몰랐지요."

"그 사이 무언가 좀 달라진 것이 있나요?"

스반테가 물었다.

"물론입니다. 기후변화가 예상했던 것보다 훨씬 더 빠르게 진
행되는 바람에 자신의 견해를 솔직하게 밝히는 학자들이 점점
더 늘어나고 있어요. 하지만 아직 갈 길이 멉니다. 대부분의 학
자들이 공식적으로 기후변화를 언급할 때면 여전히 사실 관련
자료들을 아주 조심스러운 태도로 다루지요. 기후 문제를 잘
알고 있는 정치가들이나 기후학자들과 맥주 한 잔 마시면서 이
야기를 나누면 분명히 사태가 얼마나 심각한지 말할 겁니다. 하
지만 그 사람들에게 마이크를 갖다 대 보세요. 정작 중요한 얘
기는 하지 않고 허튼소리만 늘어놓습니다."

우리는 사과나무 아래 그늘진 장소를 떠나 웁살라를 달구는
뜨거운 햇볕 아래로 들어섰다. 웁살라대학 교정으로 가는 길에
우리는 케빈과 이삭에게 방송 출연 요청을 얼마나 자주 받는지
물어보았다. 우리는 스웨덴의 방송국이 기후변화를 다루는 프
로그램에 거의 관심이 없다는 사실을 우리 자신의 경험을 통해
너무나 잘 알고 있었다. 그럼에도 불구하고 우리가 케빈에게 그
질문을 한 까닭은 무엇보다도 2018년의 상황이 어떤지 궁금했
기 때문이다. 우리는 여러 차례 스웨덴 공영방송인 SVT에 다

양한 내용의 방송을 제안했었다. 그러나 스웨덴에서 가장 유명한 TV 방송 제작자 가운데 한 사람이 우리를 지원해 주었건만 우리의 제안은 번번이 거절당했다.

우리가 기후와 지속 가능성을 주제로 한 6부작 다큐멘터리를 제안했을 때 방송국에서는 그 제안을 퇴짜 놓으면서 이렇게 말했다.

"우리는 요한 록스트룀이 참여한 여름 방송을 들었습니다. 모든 일이 잘 진행되고 있는 것처럼 들렸습니다. 기후 문제 해결에 필요한 행동들이 벌써 상당히 진척되고 있는 것으로 보입니다."

케빈 같은 세계 최고의 기후 전문가가 꽤 오래전부터 웁살라에서 1년에 몇 달씩 연구를 하고 있는데 SVT나 TV4 같은 방송국이 인터뷰를 할 수 있는 이런 좋은 기회를 설마 놓치지는 않겠지? 스웨덴 국민이 가장 불안하게 생각하는 문제가 기후변화인데…….

그러나 인터뷰는 없었다. 방송국에서는 어떤 인터뷰 요청도 하지 않았다.

"그래도 앤더슨 박사님이 여기 오신 이후 언론의 관심이 꾸준히 증가하고 있어요."

이삭이 설명했다.

"주기적으로 인터뷰 요청이 있고 그 사이 신문과 라디오 그리고 지역 방송국에서 인터뷰를 했습니다."

"좋아요. 그런데 앤더슨 박사님이 인지도가 높은 라포트나 악투엘레 아니면 TV4 뉴스에 출연한 횟수는 몇 번인가요?"

"아직 한 번도 없습니다."

이삭이 대답했다.

"출연 요청을 받은 적은요?"

우리는 질문을 계속했다.

"아직 한 번도 없습니다."

똑같은 대답이 반복되었다.

"〈스벤스카 다그블라뎃〉이나 〈다겐스 니헤테르〉 같은 신문에 박사님의 활동이 자세하게 소개된 적은 있나요?"

이삭은 얼굴을 가볍게 찡그리면서 고개를 젓더니 세 번째로 같은 대답을 했다.

"아직 한 번도 없습니다."

전기차를 타고 스톡홀름으로 돌아오는 길에 우리 머릿속에는 했어야만 했는데 하지 못했던 질문들이 가득했다. 하지만 상관없었다. 사실 굳이 질문할 필요도 없었다. 케빈에게서 체념이나 절망 혹은 우울함 같은 건 전혀 느껴지지 않았기 때문이다.

우리가 그에게서 본 것은 오로지 단호하고 긍정적이면서 구체적인 행동력뿐이었다.

> "가능한 한 많은 것을 하기에 너무 늦은 때란 없다."

스웨덴의 기상학자이자 정치인, 패르 홀름그렌

지구의 역사를 1년이라고 친다면 산업혁명이 일어난 시기는 12월 31일 밤 12시로부터 약 1.5초 전에 해당한다.

지구 역사 전체에서 이토록 미미하게 짧은 시간 동안 우리는 엄청나게 많은 것을 파괴했다. 특히 인류의 생태계 파괴는 소위 말하는 다섯 차례에 걸친 대멸종과 맞먹을 정도다. 단 한 가지 작은 차이가 있는데 우리 인류의 파괴 속도가 더 빨랐다는 점이다.

인류의 개입이 없었던 시기에는 수만 년, 심지어는 수백만 년 걸렸던 일을 우리는 우리가 살아가는 방식을 통해서 몇 주 안에 해치운다. 우리는 지금 제6의 대멸종이 진행되고 있다고 거듭 강조되는 시기에 살고 있다. 지구의 역사에 여섯 번째로 일어나고 있는 생물종의 대량절멸은 사실 산업혁명이 일어난 18세기 말에 시작된 것이 아니라 최초의 인류가 지구상에 나타난 수천 년 전에 시작되었다.

많은 사람들이 인간도 한때는 자연과 조화를 이루며 살고 있었다고 생각한다. 하지만 그런 때는 한순간도 없었다. 물론 사람들이 자연과 조화를 이루며 살았던 시기는 있었을지도 모른다. 하지만 인류가 자연과 조화롭게 지냈던 때는 분명 한 번도 없었다.

인간이 출현한 곳이 지구상 어디든 장소와 상관없이 얼마 지나지 않아 생물의 멸종이 뒤따랐다. 인류 출현의 지리적 장소와 특정 동물, 특히 맘모스처럼 소위 거대동물이라 불리는 동물들의 멸종 사이에 분명하게 관련이 있다는 사실은 우리에게 부인할 수 없는 현실을 말해 준다.

그리고 그 현실은 우리가 원한다면 극복할 수 있는 현실이다.

과잉의 유산

우리가 더는 이 세상에 없는 때가 올 것이다.

우리의 아이들이, 우리의 손주들이 그리고 또 그 손주들의 아이들이 더는 이 세상에 없는 때가 올 것이다. 그때가 되면 우리는 기껏해야 가계도상으로, 컴퓨터의 하드디스크 안이나 먼지 쌓인 사진으로 남아 있을 것이다. 그리고 아무도 거기에 더는 관심이 없을 것이다.

우리는 언젠가 사람들의 기억에서 완전히 사라질 것이다. 얼마나 중요한 사람이었든, 얼마나 많은 증오와 사랑을 받았든 상관없이.

상상하는 것만으로도 마음이 불편해지는 사실이다. 그리고 결국 우리의 선한 행위와 동정심만 중요한 게 아니라는 사실을 알게 되면 우리 마음은 더욱 불편해진다. 왜냐하면 우리 대부분이 누린, 건전한 인간을 양성하는 기본교육이 생태 발자국이라는 사소한 항목 하나를 간과하고 있기 때문이다.

우리가 모두 떠나고 기억에서 사라져 버리는 때, 우리가 남겨 놓고 가는 유일한 게 있다. 많든 적든 우리가 자신도 모르는 새 대기 중에 뱉어 낸 온실가스다.

출근하는 도중에.

슈퍼마켓 안에서.

H&M 의류 매장에서.

도쿄에서 촬영되는 영화를 찍으러 가는 길에.

온실가스는 수천 년 동안이나 저 위 상공을 떠돌아다닐 것이다.

온실가스는 나무와 식물들에 의해 결합될 것이다.

그리고 어쩌면 언젠가 발명될 뛰어난 기술 덕분에 대기로부터 걸러져 산 아래 깊은 곳 어딘가에 저장될 것이다. 아마도 그때쯤에는 대양에 흡수된 이산화탄소를 제거할 마법의 기계가 발명되었을지도 모른다. 그런 기계의 발명은 정말 시급하다. 우리가 배출하는 탄산가스 가운데 약 40퍼센트가 바다에 흡수되기 때문이다. 전문가들은 그 결과 바닷물이 산성화되는 현상이 해수면 상공에서 일어나는 온실효과보다도 훨씬 더 심각한 문제라고 진단한다.

어떤 의미에서 우리는 사라지지 않고 계속 남는다. 물론 우리가 기대했던 방식은 아니겠지만. 소수의 예외를 제외하고 우리에 대한 기억은 우리가 남기는 생태 발자국보다 분명히 수명이 짧다.

이 모든 게 우리를 낙담시키고 우울하게 만들지도 모르겠다. 하지만 단 한 명의 스타 또는 단 한 명의 인플루언서(사회에 미치는 영향력이 큰 사람을 의미하며, 특히 웹상에서의 인물을 가리킴.)가 상황을 변화시킬 수 있다는 사실을 잊어서는 안 된다. 물론 유명 인사의 영향력이 과연 바람직한지에 관해서는 논란의 여지가 있지만 현실적으로 그들의 영향력이 크다는 사실은 무시할 수 없다. 그리고 우리에게는 그 현실을 바꿀 시간이 없다. 그렇지만 그런 현실에는 좋은 점이 있다. 인터넷을 통해 긴밀하게 연결되어 있는 이 세상에서 단 한 명의 왕이나 슈퍼스타 또는 교황이 채식주의와 비행기 여행 포기 그리고 태양전지를 포함한 탄소 배출량 제로를 선언하면 수많은 사람들에게 그런 선택이 훨씬 더 실현 가능성이 높은 일로 보인다는 사실이다.

우리 가운데 어느 누구도 혼자 힘으로 시스템을 바꾸는 일을 해낼 수는 없다. 하지만 단 하나의 목소리가, 충분히 강력한 힘을 가진 목소리라면 그 일에 꼭 필요한 연쇄반응을 일으킬 수 있을 것이다.

희망

우리는 어떻게 기억되고 싶은가?

불의 시대를 살았던 우리는?

우리는 무엇을 남기게 될까?

생태학적 관점에서 볼 때 우리는 이제까지 모든 부분에서 크게 실패했다. 그러나 우리는 상황을 변화시킬 수 있다. 그것도 아주 빠르게.

우리에게는 아직 모든 것을 바람직하게 해결할 가능성이 있다. 왜냐하면 우리 인간은 원하기만 하면 모든 것을 해낼 수 있기 때문이다.

희망의 표시는 어디서나 볼 수 있다. 다만 거기에는 조건이 있다. 우리가 그 조건을 만족시키지 못한다면 희망은 단지 공허한 약속에 지나지 않을 것이며 우리에게 당장 필요한 대변혁에 오히려 걸림돌로 작용할 것이다. 나는 우리의 선한 의지를 믿고 우리의 불완전함을 믿기 때문에 희망을 품는다. 앞으로 나아가는 길이 악의와 비방으로 얼룩진 캠페인이나 마녀 사냥을 거쳐야만 하는 것은 아니며 우리 각자의 발걸음을 서로에 대한 경쟁으로 이끄는 것도 아니다.

나의 희망은 급진적인 행동을 요구한다.

나의 희망은 다른 사람들이 해야 할 일이 무엇인지에는 관심이 없다. 그리고 우리가 10년 안에 무엇을 할 수 있는지에도 관심이 없다. 10년 후에는 모든 게 어쩌면 너무 늦었을지도 모르기 때문이다.

나의 희망은 지금 여기에 있다. 그리고 나는 급진적인 변화를 위해 노력하는 정치가들이 기쁜 결과를 맞이하리라고 확신한다. 물론 그들이 훌륭한 본보기가 될 준비가 되어 있는 한에서.

아직까지도 우리 기억에 남아 있는, 인류의 위대한 지도자들에게는 한 가지 공통점이 있다. 그들은 필요한 순간에 현재보다 미래를 위한 결정을 내렸다. 우리 운명이 실제로 언론의 손에 달려 있다면 그곳보다 더 잘 우리 운명을 지켜줄 곳은 없을 것이다.

언론은 자신들이 어떤 책임을 지고 있는지 이미 오래전에 파악했다. 그들은 과거에 편집부가 어떤 결정을 내렸는지 알고 있으며 그때의 결정을 돌이키기 위해서 무슨 일을 해야 할지 알고 있다. 그들은 언론에 대한 대중의 신뢰가 위험에 처해 있다는 사실을 알고 있다.

각자의 개별적인 행동이 집단적인 움직임의 일부를 이룬다. 각자의 개별적인 행동을 통해서 집단적인 움직임이 날이 갈수록 커지고 강해진다. 우리에게 모범이 되는 사람들과 뉴스 편집자들 그리고 정치가들이 행동에 나서기를 기다리는 동안 우리는 우리 힘이 닿는 한 모든 것을 해야 한다. 그리고 우리 힘이 닿지 않더라도 모든 것을 해야 한다.

우리는 이제까지 밟았던 길을 떠나 우리에게 알려지지 않은 영역에 발을 들여 놓아야 한다. 지금껏 우리가 너무나 오랫동안 무시해 왔던 사실에 귀를 기울이기 시작해야 한다. 앞서 가되 나중에 올 사람들을 위해서 우리 뒤에 있는 문을 열어 두어야 한다. 누구나 환영하기 때문이다. 한 사람 한 사람이 모두 필요하다.

모든 공룡은
ADHS 환자였다

나는 우리 이야기를 하는 게 정말 지긋지긋했다. 그럼에도 불구하고 우리는 또다시 모든 것을 처음부터 이야기했다. 스반테가 이야기하고 또 내가 이야기했다. 아이들도 진료실 안에 같이 있었다. 우리는 모든 질문에 얌전하게 대답했다. 그레타가 앞에 놓인 테이블 위 퍼즐 상자에서 주사위와 삼각형을 꺼냈다. 베아타는 의자에 앉아 안절부절못하면서 눈동자를 굴렸다. 오로지 집에 가서 춤추고 싶은 생각뿐인 것 같았다. 나 못지않게 베아타도 BUP 병원이 지긋지긋한 모양이었다. 면담이 끝나고 아이들이 먼저 밖으로 나가자 의사가 한숨을 쉬더니 고개를 절레절레 흔들었다.

"하나님 맙소사! 두 분한테는 도움이 필요합니다!"

의사가 말했다.

스반테와 나는 미소를 지었다. 우리는 다만 최선을 바랄 뿐이다. 각자 최선을 다할 뿐이다. 때로는 최선보다 조금 더 많이. 자신이 처한 상황에서 좋은 일을 하려는 대부분의 사람들이 그러하듯.

집에 돌아가는 길에 우리는 플레밍가탄 거리를 따라 걸었다. 여름이다. 나무에서는 새들이 지저귀고 하늘에는 한여름의 구름이 흘러가면서 스톡홀름 군도(스웨덴에서 가장 큰 군도이면서 발트해에서 두 번째로 큰 군도)가 거꾸로 놓인 모양을 만들어 냈다.

비행기 한 대가 수평선 위로 하얀 줄무늬를 그었다. 우리에게는 더 이상 필요 없는 줄무늬다.

스반테는 그레타를 건축 재료 판매상에 데려가기로 약속했다. 쓰고 남은 합판 조각을 얻기 위해서였다. 그레타는 그 합판을 하얗게 칠한 후 팻말로 쓸 작정이었는데 팻말에는 '기후를 위한 등교 거부'라는 문구를 쓰기로 벌써 결정했다. 스반테와 나는 그레타가 어떤 위험을 감수하게 될지 알고 있었다. 우리로서는 그레타가 등교 거부 계획을 포기하는 편이 가장 좋았다. 하지만 그럼에도 불구하고 우리는 어느 정도 열렬한 관심을 보이면서 그레타를 도와주었다. 개학날이 점점 다가오지만 그레타는 자신의 계획을 포기할 생각이 전혀 없는 것처럼 보인다. 아니, 오히려 정반대다. 우리는 그레타가 계획을 짤 때 얼마나 기분이 좋은지 지켜볼 수밖에 없었다. 그렇게 기분이 좋았던 적은 지난 몇 년 동안 한 번도 없었다. 어쩌면 이제까지 그레타가 살아온 시간 중에서 가장 행복한 것 같다.

베스텔말름스갤러리안(스톡홀름의 쿵스홀멘에 있는 쇼핑센터)에 있는 장난감 가게 진열창에 초록색 천으로 만든 커다란 공룡 인형이 서 있었다. 우리는 그 옆을 바삐 지나가다가 잠시 멈춰 서서 진열창 안을 바라보았다. 베아타와 그레타, 스반테와 공룡 그리고 나.

우리에게 강박 장애나 섭식 장애가 없다면, 그리고 스반테가 늘 그러듯이 화장실이 급하지 않다면 그 앞에 잠깐 서서 사진을 한 장 찍을 수도 있었을 텐데. 지질학적 시각의 확장을 보여주는 완벽한 상징이 될 텐데. 하지만 세상일이 원래 그런 것이다.

"공룡에게도 ADHS가 있었을까?"

스반테가 물었다.

"그럼요!"

베아타가 얼른 대답했다.

"공룡도 저처럼 아스퍼거, 강박 장애, 공격적인 반항 행동 그리고 ADHS를 앓았어요. 그래서 멸종된 거예요. 머릿속에 생각이 너무 많아서 집중할 수가 없었고 신경에 거슬리는 온갖 끔찍한 소리들 때문에 완전히 망가져 버린 거죠."

제한된 지구 위의
제한 없는 성장

공룡은 이 지구상에서 2억 년을 살았다. 46억 년이라는 지구의 역사와 비교해 보면 짧은 기간이다. 인류가 이 지구에 살기 시작한 지 이제 겨우 20만 년(인류의 조상 가운데 현생 인류와 가장 가까운 '호모 사피엔스'가 최초로 출현한 시기를 기준으로 함.)이 지났다. 그럼에도 불구하고 우리는 600만 년 전에 살았던 멸종된 도마뱀처럼 생긴 인형을 만들어 내는 기술을 확보했다. 우리가 중국에 세운 공장에서 생산된 공룡 인형은 전 세계로 수출되어 돈만 있으면 누구나 살 수 있다. 물론 모두가 돈을 내고 인형을 살 정도로 여유가 있는 것은 아니다. 하지만 많은 사람들이 공룡 인형을 구매하고 있으며 날이 갈수록 구매자의 수는 증가하고 또 그만큼 자연 자원이 더 많이 줄어든다. 자원은 늘어나는 법이 없기 때문이다. 지구는 매년 조금씩 더 많이 소모되어 가고 있으며 머지않아 한계에 다다를 것이다.

지구가 보유하고 있는 자원이 엄청나게 빠른 속도로 고갈되어 가고 있다. 그렇게 된 데에는 장난감 가게에 진열된 공룡 인형도 책임이 전혀 없다고는 할 수 없다. 우리 모두가 일정 부분 책임이 있다. 정도의 차이가 있기는 하지만.

우리가 호흡할 수 있는 깨끗한 대기는 우리에게 가장 중요한 자연 자원 가운데 하나다. 그런데 이 대기를 오염시키는 온실가스 전체 배출량의 절반이 전 세계 인구의 10퍼센트에 해당하는 부자들 책임이다. 온실 가스 배출량이 앞으로도 계속 현재 수준에 머문다면 깨끗한 대기는 더 이상 존재하지 않게 될 것이다. 우리 가운데 이 사실을 아는 사람이 극소수라는 사실이야말로 아마도 호모 사피엔스의 역사상 가장 큰 실패일 것이다.

하지만 무슨 수로 우리가 이 위기 상황에 대해 알겠는가? 위기로서 제대로 취급받은 적이 한 번도 없는데.

전 세계 인구 가운데 좀 더 가난한 쪽에 속하는 절반이 배출하는 이산화탄소의 양은 세계 전체 양의 10퍼센트다. 그런데도 그 가난한 절반의 사람들 사이에서 환경보호를 실천하고 있는 모범적인 경우를 발견하기가 훨씬 더 쉬울 것이다. 나 같은 유명 인사나 할리우드 스타, 전투기 조종사의 평균 비행 거리를 훨씬 더 많이 초과해서 비행하는 미국의 예전 정치가들 사이에서보다.

케빈 앤더슨은 세계에서 가장 부유한 10퍼센트의 사람들이

유럽연합 평균 수준으로만 배출량을 낮춰도 전 세계 배출량이 30퍼센트 줄어들 것이라고 말한다. 이런 방식으로, 그리고 이와 비슷한 긴급대책을 통해서 우리는 시간을 조금 벌 수 있을 것이다.

처음부터 전부 다시

늦은 밤 갑자기 휴대폰이 진동했다. 우리 집은 벌써 어둠에 잠겨 있었다. 스반테와 그레타 그리고 개들은 잠이 들었다. 베아타가 2층 자기 방에서 메시지를 보냈다.

"여기 나오는 증상이 저랑 똑같아요."

베아타가 보낸 문자에 링크되어 있는 유튜브 동영상 하나와 어떤 웹 사이트의 스크린 숏(한 화면이나 창의 이미지를 그래픽 파일로 저장하거나 그래픽 편집기로 복사한 화면)이 보였다. 미소포니아Misophonia라고 적혀 있었다. 미소포니에Misophonie.

베아타의 메시지가 이어졌다.

"이런저런 병의 증상들을 살펴보고 있었는데 여기 이 미소포니에가 제가 느끼는 것과 정확하게 일치해요."

나는 읽기 시작했다. 아래로 스크롤 하면서 계속 읽었다.

'또다시 곤경에 빠지는 건 아닐까? 다른 사람의 병을 이용해 돈벌이를 하려는 사람의 수작에 넘어가는 건 아닐까?' 하는 생각이 들었다.

그런데 아니었다. 미소포니에라는 병명이 실제로 있는 것처럼 보였다. 얼른 인터넷을 검색해 보니 〈뉴욕 타임즈〉와 〈쉬드벤스카 다그불라뎃〉 그리고 그 밖의 몇몇 신문에 미소포니에라는 이름의 병에 관한 기사가 실려 있었다. 그리고 그 기사에 나온 내용은 베아타에게 딱 들어맞았다. 모든 점에서.

미소포니에는 특정한 소리에 부정적인 반응을 보이는 신경 병증이다. 일상에서 흔히 들을 수 있는 소리들, 예를 들어 숨 쉬는 소리, 쩝쩝거리는 소리, 속삭이는 소리 또는 사기 그릇에 포크나 나이프가 부딪치는 달그락 소리가 미소포니에를 유발한다. 물론 우리 대다수가 특정한 소리에 예민하게 반응한다. 하지만 미소포니에 증상이 있는 사람들에게는 소위 방아쇠 역할을 하는 소리가 있다. 그 소리가 들릴 때 그들이 느끼는 신경 장애는 매우 심해서 많은 경우에 과도한 부담으로 작용하여 분노나 스트레스로 표출된다.

베아타는 근처에서 누가 속삭이는 소리가 들리면 전혀 집중을 할 수 없다고 항상 말했다.

"통제가 안 돼요. 누가 옆에서 코를 훌쩍거리면 신경에 거슬려 아무것도 할 수 없어요. 그냥 화가 나요."

미소포니에 개념은 등장한 지 얼마 되지 않지만 엄연하게 존재하며 그에 관한 연구도 활발하게 이루어지고 있다. 암스테르담대학의 한 연구는 미소포니에가 즉각 독자적인 병으로 인정받아야 한다고 주장한다. 미소포니에가 있는 사람은 분명 자신이 통제할 수 없는 핸디캡을 가지고 있기 때문이다. 2017년 뉴 캐슬대학은 광범위한 연구를 진행한 결과 다음과 같이 발표했다.

"미소포니에는 그 증상이 있는 사람뿐만 아니라 가족의 일상생활에 엄청난 지장을 초래한다. 그럼에도 불구하고 우리는 이 병의 기본적인 메커니즘에 대해 거의 아는 바가 없다."

게다가 미소포니에는 ADHS, 자폐 스펙트럼 장애 그리고 스트레스와 밀접한 관계가 있는 것처럼 보인다. 그런데도 나는 이 용어를 처음 들었다. 베아타의 증상에 관련된 글을 수천 페이지나 읽었건만. 의사와 면담하고 치료 방법을 의논하는 대화를 수없이 나누었건만.

"미소포니에를 다루는 방식은 바로 수십 년 전만해도 우리가 ADHS를 취급했던 방식과 유사합니다."

미국의 한 심리학자가 한 말이다.

미소포니에가 있는 아이에게 도움이 되는 방법이 있기는 하다. 과도한 반응을 예방할 수 있는 수단도 있다. 하지만 그 병에 관한 정확한 지식은 없다. 아직은 미지의 분야일 뿐이다. 그 말은 곧 우리가 처음부터 전부 다시 시작하는 수밖에 없다는 뜻이다.

안전판

　우리가 알지 못하는 게 정말 많다. 적지 않은 사람들이 우리가 기후 위기와 지속 가능성 위기의 결과를 오래 전부터 이미 깨닫고 있으며 단지 인정하지 않으려고 할 뿐이라고 주장한다. 하지만 그 말은 맞지 않다. 충격적이긴 하지만 전 세계 인구 대다수는 기후변화가 우리에게 어떤 의미가 있는지 짐작도 못하고 있다. 그리고 바로 그 사실이 우리에게는 오히려 기회를 의미한다.

　우리가 실제로 그동안 내내 기후변화의 위험성을 알고 있었다고 생각해 보라!

　알면서도 악의에서 나온 행동을 하고 있었다고 생각해 보라! 의도적으로!

　우리가 생태계 파괴가 가져올 비극적인 결과들에 대하여 알고 있으면서도 이제까지와 같은 생활방식을 버리지 않는다고 생각해 보라!

　우리가 일부러 나쁜 행동을 하고 있다고 생각해 보라.

하지만 우리는 그런 것들을 생각해 볼 수 없다. 상상할 수도 없는 일이다.

인간이 감내할 수 있는 고통의 한계가 더 높은 곳에 위치해 있다고 생각해 보라!

우리의 생활방식을 앞으로도 내내 지금처럼 유지하면서도 아무도 망가지거나 낙오하지 않는다고 생각해 보라!

그렇다면 모든 것이 너무 늦을 것이다.

그렇다면 모든 사회적인 부당함과 억압이, 모든 정신적인 질환이, 모든 번아웃 증후군이 무의미했을 것이다.

하지만 현실은 다행히도 그렇지 않다. 우리에게는 안전판 역할을 할 수 있는 것들이 많이 있으며 이 책도 그런 것들 가운데 하나다. 이 책은 우리가 아직 무언가를 바꿀 수 있다는 것을 보여 준다. 이 책은 우리가 파괴한 것들을 고쳐서 무언가 새로운 것, 공정하고 더 나은 것을 만들 수 있게 하는 정치 체계를 갖추고 있다는 사실을 보여 준다. 우리에게는 이 모든 상황을 개선할 수 있는 도구가 있다는 사실을 보여 준다. 다름 아닌 교육이라는 이름의 도구다.

기후 위기는 우리가 살고 있는 세계가 더 이상 유지될 수 없다는 사실을 드러내는 수많은 증세 가운데 하나다. 급성 증세. 지속 가능성 위기는 우리에게 선택을 강요한다. 우리에게 모든 것을 다시 제자리로 돌려놓을 가능성을 제공한다. 거기에 우리의 기회가 있다.

등장할 순간

삶에는 중요한 게 있다. 나는 그 사실을 확실하게 믿고 있다. 그리고 우리가 하루라도 빨리 사고방식을 전환해야 한다는 사실 또한 확신한다.

지금까지 지구에 살았던 모든 사람을 기준으로 현재 살고 있는 사람들의 비율은 7퍼센트 정도가 된다. 그것이 바로 우리다. 우리는 공동운명체다. 우리는 과거로부터 이어져 미래에까지 계속될, 커다란 전체의 한 부분이다. 그리고 그 미래를 안전하게 지키는 것이 7퍼센트에 속하는 우리의 임무다. 그것이 우리의 역사적 과제이며 그 과제를 올바르게 수행하기 위해서 우리는 서로를 필요로 한다. 그 어느 때보다 더.

우리에게는 기술이 필요하다. 지속 가능한 농림업이 필요하다. 기업과 경제학자들, 정치가들과 언론인들 그리고 과학자들이 필요하다. 또한 적응할 수 있고 변화시킬 수 있는, 우리 인간의 고유한 능력이 필요하다. 그러나 무엇보다도 우리는 우리의 선한 의지를 믿어야 한다.

우리는 기후 문제에 대한 해답을 이미 오래 전부터 갖고 있다. 우리는 무엇을 해야 할지 알고 있다. 우리에게 남은 일은 결정하는 일이다. 경제냐 아니면 생태계냐? 둘 중 하나다. 적어도 우리 삶의 여건이 안정될 때까지는.

우리의 생존이 달린 선택을 여전히 정당정치의 영역에 국한시키는 것은 참으로 어리석은 일이다. 유한한 자원을 보호함으로써 미래의 삶을 가능케 하는 일은 당연한 일이 되어야 한다. 마찬가지로 앞으로 나아가는 길이 종종 우리에게 몇 걸음 뒤로 물러서기를 요구하기도 한다는 사실을 깨닫는 것 또한 당연한 일이라야 한다. 양성평등과 모든 인간의 평등권 역시 정치가들의 주장대로 당연한 일이어야 한다.

하지만 현실은 그렇지 않다. 당연해야 할 일들이 전혀 당연하지 않다. 그렇기 때문에 이 일들은 정치적인 최우선 과제가 되어야 한다. 이 일들은 함께 얽혀 있다. 서로 떼어서 생각할 수 없게 연결되어 있다.

마초 사회(스페인어 '남자'에서 나온 말 '마초'는 남자다움을 지나치게 과시하거나 우월하게 여기는 남자를 가리키며 여기서 마초 사회는 모든 부분에서 '더 크게, 더 빨리 그리고 더 많이'를 추구하는 사회라는 뜻)의 산물인 이산화탄소가 대기의 상층부에 도달하는 순간 기후는 말 그대로 격노한다. 우리는 선택해야만 한다. 앞으로도 계속해서 모든 것이 어떤 대가를 치르더라도 더 커지고, 더 빨라지고 또 더 많아져야 할까? 아니면 우리가 살아남아야 할까? 새로운 세상이 문 앞에 당도

했다. 한 번도 지금처럼 가까웠던 적이 없는 세상이다. 혹은 지금보다 더 멀었던 적이 한 번도 없는 세상이다. 모든 게 적당한, 중용을 갖춘 세상이다. 인스타그램 프로필에 북극곰 사진을 올린 여자아이가 지구의 안전을 이 세상 모든 군대만큼이나 효과적으로 지킬 수 있는 세상이다.

시간이 흐르면서 우리의 한계가 드러난다. 끝이 없을 것처럼 보였던 일의 윤곽이 선명해진다. 모든 게 가능하지는 않다. 그리고 그것은 그것대로 괜찮다. 한계를 인정하고 적당히 조율하는 과정에 다른 형태의, 훨씬 더 큰 자유가 있기 때문이다.

환경을 지키기 위한 싸움이 역사상 가장 큰 규모의 페미니즘 운동이라고 할 수 있을까? 그렇다면 그 이유는 환경 운동이 남성을 배제하기 때문이 아니라 환경에 위기를 초래한, 남성 중심의 사회가 지닌 구조와 가치에 의문을 제기하기 때문이다.

무대 배경 뒤쪽에 우리의 어머니, 지구가 기다리고 있다. 커튼은 지금 당장이라도 걷힐 것이다. 우리는 우리가 실제로 어떤 처지에 놓여 있는지 숨김없이 말해야 한다. 왜냐하면 지금 이 순간 우리가 필요하기 때문이다. 어둠에 맞서는 우리의 행동이 필요하다. 그리고 그 행동에는 모든 사람, 모든 도시, 모든 나라가 참여해야 한다.

우리 모두 함께 뭉쳐야 한다!
적극적으로 나서야 한다!

행동으로 보여야 한다!

등장할 순간이다.

우리나라에서 스웨덴의 16세 소녀 그레타 툰베리의 이름을 들어 본 사람은 그다지 많지 않을 것이다. 하지만 유럽에서는 2019년 노벨 평화상 후보로 지명이 되었을 뿐만 아니라 유럽 의회 선거에서 녹색당 의석 증가에 영향을 미쳤다고 평가될 민큼 그레타의 기후 행동은 그 파급효과가 크다. 겨우 1년 전인 2018년 8월, 그레타가 매주 금요일 스톡홀름의 의회 앞에서 '기후를 위한 등교 거부'가 적힌 팻말을 들고 벌였던 1인 시위로 시작했던 기후 행동에 2019년 3월 15일 133개국 160만 명의 청소년이 동참했다. 비행기를 타고 여행 가는 것을 수치스러운 일로 여긴다는 뜻의 용어가 스웨덴만이 아니라 유럽 전역으로 확산되고 있다. 내가 이 글을 쓰고 있는 지금 그레타는 9월 23일에 열리는 유엔회의에 참석해 연설하기 위해 태양광 요트로 대서양을 횡단해 뉴욕에 가 있다. 열여섯 살 고등학생이 어떻게 이토록 크게 주목을 받는 행동을 하게 되었을까? 이 책은 그 해답을 제공한다.

이 책의 서두에서 필자가 밝힌 대로 이 책은 크게 두 가지 위기에 관련된 이야기다. 그레타와 여동생이 정신 신경증적인 질병을 앓으면서 가족이 겪어야만 했던 고통과 그 문제를 해결하기 위한 노력에 대한 이야기이면서 동시에 기후 위기에 관한 이야기다. 그리고 이 두 가지 위기는 서로 밀접하게 연관되어 있다. 그레타는 여덟 살쯤 되었을 때 기후변화나 지구온난화라는 말을 처음으로 들었다고 한다. 기후 위기의 실상을 알게 되자 언론이나 정부에서 그 위기를 정말 심각한 위기로 다루고 있지 않다는 사실은 그레타를 오랫동안 괴롭혔고 그레타는 결국 열한 살 때 음식을 먹을 수도 없을 정도로 심한 우울증에 걸렸다. 기후 행동은 그레타가 자신이 할 수 있는 최선의 행동을 함으로써 지구를 구하고 자기 자신을 구하려는 노력이다.

이 책에서 말한 대로 모든 사람이 기후 운동가로 활동해야 하는 것은 아니다. 하지만 우리 모두 최소한 우리 환경과 지구를 파괴하는 일에 적극적으로 동참하지는 말아야 한다. 그렇게 하려면 우리의 어떤 생활 습관이 기후변화에 어떤 영향을 미치는지 깨달아야 한다. 온실 가스 배출량이 앞으로도 계속 현재 수준에 머문다면 어떤 일이 일어나게 될지 우리 모두가 걱정해야 한다. 승객 1명이 1킬로미터 거리를 이동할 때 발생하는 이산화탄소 배출량이 기차가 14그램인 반면 비행기가 285그램이라는 사실의 무게를 느껴야 한다.

책을 옮기면서 어른들은 우리 아이들을 사랑한다고 하면서 우리에게 어떤 미래를 물려주려고 하는 거냐고 묻던 그레타의 비난이 가장 마음에 와닿았다. 그리고 "다른 사람들이 해야 할 일이 무엇인지, 우리가 10년 안에 무엇을 할 수 있는지에도 관심이 없다. 10년 후에는 모든 게 어쩌면 늦었을지도 모르기 때문이다."라는 글을 읽으면서 지금 당장의 안락함과 편리함 일부를 포기하고 나도 내가 할 수 있는 최소한의 행동을 해야겠다는 생각이 들었다. 그래서 나는 이 책을 옮기는 동안 거실의 에어컨을 실내 온도가 29도를 넘을 때에만 틀었다. 그리고 제주도에 갈 일이 있으면 비행기 대신 배를 타고 가기로 결심했다.

이 책을 읽는 독자들이 아주 작은 행동이라도 지구를 살리는 행동에 동참하기를 바란다.

기후변화 대응 메시지 공모 입상작 (응모순)

굿바이Good buy 대중교통, 굿바이Good bye 온실가스   채중석

온실가스 제로로, 녹색지구 대대로   황선례

탄소배출 줄이GO, 지구환경 살리GO!   김은미

지구는 1회용이 아닙니다!   이정숙

지구는 크지 않고, 기후변화는 작지 않습니다   Chon Yong Sun

탄소는 쉼표, 산소는 느낌표! "미소는 따옴표"   최정우

기후변화. '끓는 물 속의 개구리'   Jaewoon Lee

기후변화 위험신호, 절약습관 희망신호   원정빈

굿바이! 탄소, 굿모닝! 지구   배정현

탄소 절감 제대로, 녹색 지구 대대로   김미자

빙하를 다시 얼리는 건 불가능합니다   류성곤

이 책의 출간에 맞춰 한솔수북과 에너지정의행동 주최로 지난 2019년 9월에
책담 페이스북에서 진행한 〈기후변화 대응 메시지 공모〉 입상작입니다.

환경보호 '벗'하기, 기후변화 '벗'어나기	이창용
기후변화 대응, "지금" 막지 않으면 "다음"이란 없습니다	이주왕
빙하의 눈물, 지구의 슬픔	조민호
만 년에 4도, 백 년에 1도 더이상 재촉하지 마세요	이상연
기후변화, 기우가 아닌 현실입니다	맹준복
온실가스 NO, 녹색지구 ON	원주율
기후변화 바로잡고 희망내일 자리잡고	오승민
기후변화 바꾸Go, 녹색지구 가꾸Go	성원
기후변화 유비무환, 녹색지구 유종의미	삼남
기후변화 대응 한걸음, 푸른지구 향한 큰걸음	맹준갑
SAVE EARTH = SAVE US	성유나

그레타 툰베리의 금요일: 지구를 살리는 어느 가족 이야기

초판 1쇄 펴낸날 2019년 9월 27일
초판 7쇄 펴낸날 2022년 4월 15일

지은이	그레타 툰베리, 스반테 툰베리,
	베아타 에른만, 말레나 에른만
옮긴이	고영아
편집	한해숙, 신경아, 정인화
디자인	최성수, 이이환
마케팅	박영준, 한지훈
홍보	정보영, 박소현
영업관리	김효순

펴낸이	조은희
펴낸곳	주식회사 한솔수북
출판등록	제2013-000276호
주소	03996 서울시 마포구 월드컵로 96 영훈빌딩 5층
전화	편집 02-2001-5820 영업 02-2001-5828
팩스	02-2060-0108
전자우편	isoobook@eduhansol.co.kr
블로그	blog.naver.com/hsoobook
페이스북	chaekdam
인스타그램	chaekdam

ISBN 979-11-7028-371-3 03300

큐알 코드를 찍어서
독자 참여 신청을 하시면
선물을 보내 드립니다.

책담 다른 내일을 만드는 상상